初期経典にみる釈尊の戦争観

シャカ族滅亡の伝承を読む

多田武志
TADA Takeshi

論創社

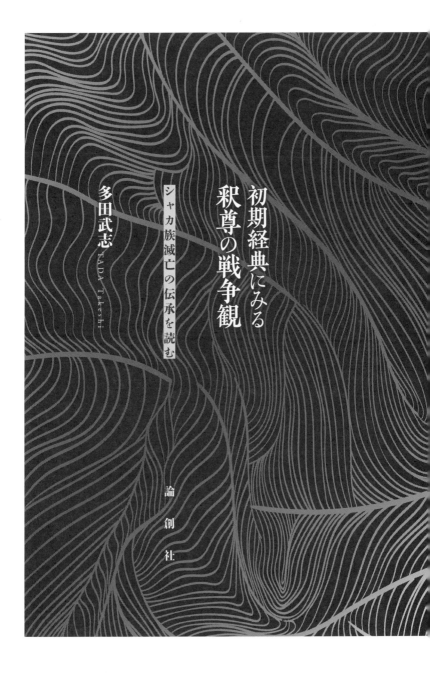

初期経典にみる釈尊の戦争観　目次

――シャカ族滅亡の伝承を読む

第四章　種族滅亡と宿業論

凡例

（1）本書は、仏教大学大学院文学研究科（仏教学専攻）の修士課程で提出した学位論文（平成二九年）をもとに、大幅に加筆したものである。

（2）本書で対象としている初期経典は、いわゆる原始仏教経典（阿含・ニカーヤ）を指しているが、必要に応じて部派仏教の資料（律・注釈文献・阿毘達磨等）にも視野を広げた。

（3）教典資料については、パーリ経典はＰＴＳ（パーリ原典協会）の刊本及びＶＲＩ（ヴィパッサナー研究所がインターネットで公開）のローマ字版を用いた（引用ページ数はＰＴＳによる）。漢訳経典は『大正新脩大蔵経』（大蔵出版）、「ＣＢＥＴＡ電子仏典集成」（中華電子仏典協会）、「ＳＡＴ大正新脩大蔵経テキストデータベース」（ＳＡＴ大蔵経テキストデータベース研究会）を用いた。なお、パーリ経典の和訳は『南伝大蔵経』（大蔵出版）に従い、一部に読みやすくするために現代的な表現に変えた箇所もある。

（4）固有名詞や地名等は、原則としてパーリ語のカタカナ表記を用い、適宜、サンスクリット語からの表記を併用した。

（5）仏教の開祖ブッダの呼称は多様にあるが、ここではシャカムニ（釈迦牟尼）＝シャカ族出身のムニ（聖者）の意義をもつ漢訳表記「釈尊」を用いた。

初期経典にみる釈尊の戦争観——シャカ族滅亡の伝承を読む

《略号表》

AN.	*Aṅguttara-nikāya*	アングッタラ - ニカーヤ（増支部経典）
AP.	*Apadāna*	アパダーナ（譬喩経）
DN.	*Dīgha-nikāya*	ディーガ - ニカーヤ（長部経典）
Dhp.	*Dhammapada*	ダンマパダ（法句経）
Dhp-A	*Dhammapadaṭṭhakathā*	ダンマパダ・アッタカター（法句経注釈）
J.	*Jātaka*	ジャータカ（本生経）
Mil.	*Milinda-pañha*	ミリンダ - パンハ（弥蘭王問経）
Mhv.	*Mahā-Vaṁsa*	マハーヴァンサ（大王統史）
MN.	*Majjhima- nikāya*	マッジマ - ニカーヤ（中部経典）
SN.	*Saṁyutta- nikāya*	サムユッタ - ニカーヤ（相応部経典）
Sn.	*Suttanipāta*	スッタニパータ（経集）
Therag.	*Theragāthā*	テーラガーター（長老偈経）
Therīg.	*Therīgāthā*	テーリーガータ（長老尼偈経）
大正	大正新脩大蔵経	

はじめに

1　伝承をめぐる問題状況

釈尊の晩年、釈尊の出身種族であるシャカ族はコーサラ国王のヴィドゥーダバ（流離）によって殲滅させられたという。北伝資料によれば、九九九〇万人のシャカ族が虐殺され、その流血が河をなし、シャカ族の都城・迦毘羅越（カピラヴァットゥ）は焼け落ちたとある。(1) 南伝資料では、ヴィドゥーダバは乳児をはじめとしてシャカ族の全員を虐殺し、しかも彼らの喉元を切ったその血で腰掛を洗い清めて引き上げた。その結果、シャカ族の血統は断ち切られたとする。(2) 総じて、北伝・南伝両資料とも、専制的君主国家であるコーサラ国がシャカ族を対象に集団虐殺を行い、種族を滅亡させた事件として詳細に伝えている。

もっとも、これは釈尊の入滅後のことだが、遺骨が八分配された際、そのうちの一つをシャカ族が請来し、仏塔を建て崇拝したことが伝えられていることからすれば、シャカ族はその後も存続したのであって、〝種族の滅亡〟という伝承には明らかな誇張が認められる。(3) 実際のところ、この集団虐殺がどの程度のものであったのか、あるいは、それが歴史的事実をどの程度反映させているのかはよく分かっていない。

ただ、この事件を境として、コーサラ国はインドの古代史から全く姿を消し、先の遺骨分配の中にもコーサラ国は含まれていない。当時、対立していたマガダ国の阿闍世王に制圧され、領有していたカーシ国を含め併合されてしまったらしい[4]。その経緯に、シャカ族滅亡の伝承が深く絡んでいて、インドの研究者の報告によれば、ヴィドゥーダバが率いるコーサラ軍はシャカ族を虐殺した後、不注意にもラプティー河の乾き上がった砂地の川床に軍隊の宿営を定めたところ、上流に突然の豪雨が起こり、そのためにコーサラの全陣営は流されてしまった。このことによって、王も軍も一挙に失ったコーサラ国はいとも簡単に阿闍世王の軍門に下ったという[5]。こうした興亡の歴史の痕跡を背景に置いてみれば、コーサラ国とシャカ族の間で何らかの武力衝突があったことは十分に想定し得るであろう。

ところで、「乞食」を基本理念とする釈尊の教団は、世俗社会との友好かつ相互不可侵の関係を維持することによって成り立っていた[6]。当時の大国であったマガダ国のビンビサーラ（瓶沙王）やその子のアジャータサットゥ（阿闍世王）にしろ、コーサラ国のパセーナディ（波斯匿王）にしろ、彼らは深く釈尊に帰依し、仏教僧団を保護した。刑法の適用は控え、税金を免除するなど、サンガ（僧伽）の治外法権を無条件に認め、自由な活動を容認した。そればかりか、土地や建物を寄進し、それに財物や労働力を提供するなど、積極的な援助を惜しまなかった(7)。このように、王権を含め、世俗社会との協調関係があってはじめて、仏教教団は存続することが可能であった。

問題は、世俗社会の動向――なかんずく、王権が教団の宗教的理念と対立する動きを見せた場合である。迎合か対立か、あるいは妥協か。その対処のあり方を規定した資料は、とくに見当たらない。それだけ恵まれた環境にあったということだろうが、シャカ族滅亡の伝承は、唯一、そうした例外的な事例を扱っている(8)。

もとより、それは王権の矛先が直接教団に向けられたわけではなく、この伝承の主な役割はあくまでもシャカ族の族長であるマハーナーマ（摩訶男）をはじめとする在家信徒が担っている。後に詳述するが、彼らは有能な戦士として戦場に臨みながら、殺されても殺さない戦いを戦った。仏教徒として不殺生戒に殉じたのである。なかでも、マハーナーマは自らの命を犠牲にして多くの同胞を救ったとされる。一方、釈尊および教団は、集団虐殺という大惨事を眼前にしながら、終始、傍観者的態度を崩すことはなかった。そこには、出家と在家の際立った違いが読み取れるのだが、そのことから仏教の平和思想の限界がしばしば指摘されてきたのも事実である。

一つの種族——それも釈尊その人の出身種族であり、当時のインド社会からはシャカ族＝仏教徒と認知されていたほどの仏教種族であるシャカ族の存亡を語るに際して、このような伝承を語り継いだ意図は、いったい何処にあったのか。国家権力の行使としての戦争、そしてそれにまつわる生命破壊という不殺生戒への挑戦。その脅威に曝《さら》された仏教教団はどのような対応を成し得たのか。それが釈尊の在世中の大惨事として扱われている以上、釈尊の生涯や教団の形成史を考えるうえで、是非とも闡明《せんめい》しておく必要があるように思われる。

2 伝承の資料とその骨子

そこで、まずシャカ族の滅亡伝承を伝える資料を挙げれば以下の通りだが、その骨子を整理すると次のように纏《まと》められる。

①コーサラ国の波斯匿王（パセーナディ）はシャカ族と血縁関係を結びたいと願い、シャカ族（刹帝利・クシャトリヤ）の娘を王妃として差し出すように要求する。シャカ族の族長であった摩呵男（マハーナーマ）は、自分が下婢に産ませた娘を刹帝利の女だと偽って差し出す。波斯匿王はその娘を正妃とし、彼女との間に生まれた流離（ヴィドゥーダバ）を太子として育てる。

②流離太子が長じて、シャカ族の都城・迦毘羅越（カピラヴァットゥ）に遊学する。そのとき、シャカ族の人々から「下婢の娘が産んだ子」と蔑まれ、不浄なる者として屈辱的な扱いを受ける。流離は怨念を募らせ、自分が王位に就いたときに復讐することを誓う。
③流離が王となる。
④新王となった流離は、即座に大軍を率いてシャカ族の都城・迦毘羅越に向かう。これを聞き知った釈尊は近郊の道端にあった一本の枯樹の下に座して、進攻を阻止する。それが三度にわたって繰り返されるが、四度目には「シャカ族の宿業は熟した」として、流離王の侵攻を黙過する。
⑤大目連（マハーモッガラーナ）が神通力を用いてシャカ族を守ろうとするが、釈尊は「神通力をもってしてもシャカ族の宿業は変えられない」として、それを退ける。
⑥シャカ族は弓矢をもって応戦するが、不殺生戒に殉じて人命を損傷するようなことはしなかった。なかに勇猛果敢に攻め、多くの流離王軍を殺傷する若者も現れたが、シャカ族はその兵士を一族の掟に背いたとして追放する。
⑦シャカ族は開城するかどうかで賛否をとり、魔波旬（悪魔）の奸計に乗り門を開く。
⑧都城に攻め入った流離王軍は、シャカ族を虐殺する。そのうえ、若くて容貌の優れた五百

人の釈女を連れ帰ろうとするが、拒否されたために生き埋めにする。

⑨シャカ族の族長・摩呵男が「自分が水底に潜っている間は、一族を逃がして欲しい」と申し出る。流離王はそれを聞き入れ、攻撃を中断する。城中のシャカ族の一部は逃げのびたが、多くは再び城中に戻った。

⑩釈尊に激しい頭痛が起こる。

⑪流離王軍は都城を焼き払い、舎衛城（サーヴァッティ）へ帰還する。そのとき、戦いに加担しなかった兄の祇陀太子（ジェーダ）を斬り殺す。

⑫七日後に、流離王軍は阿脂羅河（アチラヴァッティー）の乾いた砂地で野営するが、突然の豪雨で全軍が暴流に押し流されてしまう。

⑬釈尊がシャカ族の宿業に関する因縁譚を語る。

【漢訳資料】

A_1 『増一阿含経』No.125（東晋瞿曇僧伽提婆訳）巻第二六「等見品」第三四－二（大正蔵二巻、六九〇上～六九三ページ下）。【骨子：①～⑬】

B_1 『四分律』No.1428（姚秦仏陀耶舎・竺念仏等訳）巻第四一「衣揵度」三（大正蔵二二巻、

八六〇中~八六一ページ上)。【骨子:②③④⑥⑦⑧】

B_2 『弥沙塞部和醯五分律』No.1421（宋仏陀汁・竺道生等訳）巻第二一「五衣法」下（大正蔵二二巻、一四〇下~一四一ページ下)。【骨子:①~⑨、⑫】

B_3 『十誦律』No.1435（後秦弗若多羅・羅汁訳）巻第二一「受具足戒法」第一（大正蔵二三巻、一五一ページ中~下)。【骨子:⑧】

B_4 『摩訶僧祇律』No.1425（東晋仏陀跋陀羅・法顕訳）巻第三六「波羅夷法」（大正蔵二二巻、五一九ページ上)。【骨子:⑧】

B_5 『根本説一切有部毘奈耶雑事』No.1451（唐義浄訳）巻第七~九（大正蔵二四巻、二三二下~二四四ページ上)。【骨子:①~⑬】

B_6 『根本説一切有部苾芻尼毘奈耶』No.1443（唐義浄訳）巻第一八（大正蔵二三巻、一〇〇四中~一〇〇五ページ上)。【骨子:⑧】

C_1 『義足経』No.198（呉支謙訳）巻下「維樓勒王経」第一六（大正蔵四巻、一八八上~一八九ページ下)。【骨子:②③④⑤⑦⑧⑨⑫⑬】

C_2 『六度集経』No.152（呉康僧会訳）巻第五「釈家畢罪経」（大正蔵三巻、三〇中~三一ページ上)。【骨子:①~⑬】

C_3『琉璃王経』No.513（西晋竺法護訳）（大正蔵一四巻、七八三中～七八五ページ中）。【骨子：②～⑨、⑫】

C_4『出曜経』No.212（姚秦竺念仏訳）巻第三（大正蔵四巻、六二四中～六二五ページ上）。【骨子：⑥⑦⑧⑨⑬】

C_5同、巻第一一（大正蔵四巻、六六九ページ中～下）。【骨子：③④⑤】

C_6同、巻第二五（大正蔵四巻、七四六下～七四七ページ上）。【骨子：⑧⑪⑫】

C_7『興起行経』No.197（後漢康孟詳訳）巻上「頭痛宿縁経」第三（大正蔵四巻、一六六下～一六七ページ上）。【骨子：⑩⑬】

C_8『法句譬喩経』No.211（晋世法炬・法立訳）巻第一（大正蔵四巻、五八三ページ上～中）。【骨子：③⑧⑪⑫】

C_9同、巻第二（大正蔵四巻、五九〇下～五九一ページ上）。【骨子：②③⑤⑧】

C_{10}『仏五百弟子自説本起経』No.199（西晋竺法護訳）（大正蔵四巻、二〇一ページ下）。【骨子⑩⑬】

D_1『阿毘達磨大毘婆沙論』No.1545（唐玄奘訳）（大正二七巻、七〇ページ上／四三〇ページ下）。【骨子：②⑧⑫】

D_2『大智度論』No.1509（後秦鳩摩羅什訳）巻第九（大正蔵二五巻、一二二ページ上）。【骨子：⑩】

E_1『高僧法顕伝』No.2085（東晋法顕）（大正蔵二〇巻、八六一ページ上-中）。【骨子：④⑧】

E_2『大唐西域記』No.2087（唐玄奘）巻第六（大正蔵五一巻、九〇〇上～九〇一ページ下）。【骨子：「室羅伐悉底国」④⑧⑫、「劫比羅伐窣堵国」①②③⑥⑧】

【パーリ資料】

P_1『アパダーナ』No.387（*AP.* I. p.300、南伝大蔵経二六巻、五〇六ページ）。【骨子：⑩⑬】

P_2『ジャータカ』No.7（*J.* I. pp.133-134、南伝大蔵経二八巻、二六七ページ）。【骨子：①】

P_3『ジャータカ』No.465（*J.* IV. pp.144-153、南伝大蔵経三四巻、一～一九ページ）。【骨子：①②③④⑧⑬】

P_4『ダンマパダ・アッタカター』（*Dhp-A.* I. pp.337-362、及川真介訳註『仏の真理のことば註〔一〕』、四五四～四七三ページ）。【骨子：①～⑨、⑫⑬】

伝承の資料と骨子は以上の通りだが、まず南伝のパーリ経典のうち、『長部』『中部』『相応部』『増支部』の四ニカーヤにはこの伝承は全く記されていない。また、それに対応する漢訳の四阿含経では『増一阿含経』（A_1）のみが伝え、他の『長阿含経』『中阿含経』『雑阿含経』には触れられていない。ただ、パーリ経典の『小部』「アパダーナ（譬喩経）」（P_1）には、釈尊の前生譚を列挙する偈のなかで、釈尊が昔、漁夫の子であったころ魚が殺されるのを見て喜んだ。その業の異熟のために、シャカ族の滅亡時に頭痛があったとする伝承が簡単に記されている。一方、律蔵では、パーリ律にはないが、漢訳の『四分律』（B_1）『五分律』（B_2）『根本有部律』（B_5）が詳しく伝え、他に『十誦律』（B_3）『僧祇律』（B_4）にも簡単だが記されている。

さらに、パーリ資料には、五世紀中葉のスリランカにおいて、ブッダ・ゴーサがシンハラ語からパーリ語に改め記録したとされる『ジャータカ・アッタカター』に「バッダサーラ・ジャータカ」（P_2）と「カッタハーリ・ジャータカ」（P_3）があり、『ダンマパダ・アッタカター』に「ヴィドゥーダバの事」（P_4）がある。

他に、五世紀初頭に東晋の僧法顕がインド・セイロンを旅した見聞録『法顕伝』（E_1）には「流離王がシャカ族を殺した」ことなどが簡単に触れられている。また、唐僧玄奘は七世紀前葉に西域・インドを旅行した見聞録『大唐西域記』（E_2）を著し、そのなかでシャカ族九九九〇万人が虐殺された跡に建てられた数百千の卒塔婆、流離王の進軍を釈尊が阻止した遺跡に建てられた卒塔婆、五〇〇人の釈女が生き埋めにされた跡に建てられた卒塔婆、さらには流離王が悪逆の報いとして地獄に堕ちた遺跡などを当時の伝承とともに紹介している。

　こうしたことから、シャカ族滅亡の伝承には不自然な偏りが見られるものの、パーリ上座部（P_{1-4}）をはじめ、法蔵部（B_1）、化地部（B_2）、説一切有部（C_4、D_1）、根本説一切有部（B_{5-6}）などの各部派によって、それも長期間にわたって語り継がれたことが分かる。したがって、この伝承は部派分裂以前に遡り、おそらく釈尊の晩年に起こったと思われるコーサラ国によるシャカ族の集団虐殺という歴史的事実を源泉にしながら、必要に応じて語り継がれてきたものと考えられる。ただ、どのような理由からか、仏伝経典には、釈尊の誕生から入滅までを記す『仏所行讃』や『仏本行経』『僧伽羅刹所集経』などを含めて、一切触れられていない[9]。

　そこで、この伝承を伝える資料のなかで、もっとも詳細で整った内容をもつ漢訳『増一阿含経』を中心にして、関説する漢パ両資料を必要に応じて照応させながら、伝承の構成要素を整理・分析し、実際に起こったと思われる事件が、釈尊の生涯や教団の形成史上、どのような位置づけをもって伝承されてきたかを検証してみたい。その際、世俗社会の動向（この場合、国家による戦争・殺生・暴力）に対する釈尊や教団の態度、さらには武力侵攻に巻き込まれた在家信徒の実践道と解脱論の在り方という二つの側面を念頭に置きながら検討を加えることにする。

【註】

（1）『増一阿含経』26「等見品」34-2（大正 2, p.692 上）には「流離王殺九千九百九十万人。流血成河。焼迦毘羅越城」とある。また、玄奘『大唐西域記』6「劫比羅伐窣堵国」2-7 にも「毘盧釋迦王　既克諸釋。虜其族類得九千九百九十万人。並従殺戮。積尸如莽　流血成池」と伝えている（大正 51, p.901 中）。

（2）『ジャータカ』465（*J*. IV, p.144）。また、『ダンマパダ・アッタカター』（*Dhp-A*. I, p.359）にも同趣旨の記述があり、ここでは「シャカ族の系統はヴィドゥーダバによって断ち切られた」とされている。

（3）『長部』16「大般涅槃経」（*DN*. II, p.72）。中村元訳『ブッダ最後の旅』岩波文庫ワイド版、２００１年（p.187）。なお、１８９８年にピプラーワーで発見されたストゥーパがシャカ族建立の仏舎利塔であることはほぼ定説になっている。詳細は、杉本卓洲『インド仏塔の研究』平楽寺書店、１９８４年、（pp.344-358）参照。

（4）中村元『インド古代史〈上〉』（選集５巻、春秋社、１９６３年）によれば、マガダ国の阿闍世王が王位に即いて間もなくのこととして「コーサラ国を攻めて制圧し、カーシ国を併合して完全に支配するに至った」とされている（p.272）。

（5）Ｄ・Ｄコーサンビーは『インド古代史』（山崎利男訳、岩波書店、１９６６年）の中で次のように述べている。「（シャカ族を虐殺した後）ヴィドゥーダバは不注意にもラプティー川の乾き上がった砂地の川床に軍隊の宿営を定めたところ、上流に突然豪雨が降り、そのためコーサラの全陣営は流されたという」（p.202）。このことによって、対抗する王も軍隊も一挙に失ったコーサラ国はいとも簡単に阿闍世王の軍門に下ったとされている。

（6）仏教修行者の生活手段は、木の実などの自然物の採取や自給自足ではなく、あくまでも在家者の喜捨精神を大前提とする「乞食」を基本理念とした。釈尊が悟りを開いた直後に、ダプッサ（多梨富沙）とバッリカ（婆梨迦）の二人の商人が通りかかり、食物を寄進したいと願い出るというエピソードが、パーリ律の仏伝に語られている（*Vinaya* I, p.4）。そのとき、釈尊は食物を受け取るための器をもっていなかった。それを知った四天王が天界から石鉢を贈り、その鉢を使って釈尊は施物を食した。釈尊が食事を終えた後、二人の商人は釈尊への帰依を誓い、仏教史上最初の在家信徒（優婆塞）となったという。このエピソードは、仏教僧団の生活は在家者の喜捨に依拠するという出発点を明確に示している。

（7）平川彰『原始仏教の研究』春秋社、１９６４年（pp.20-38）。

（8）佐々木閑は『出家とはなにか』（大蔵出版、１９９９年）のなかで、シャカ族の滅亡伝承を例外として、「律蔵をはじめとする古い仏典の中には、外部社会と自分たちの宗教理念が対立した場合の見の振り方を規定する文章はない」（p.293）と述べ、次のような評言を加えている。「社会の要請が仏教の理念と対立するとき、出家者はどう行動すべきか。律蔵に答えはない。乞食の道を絶たれて修行の場としての僧団を放棄するのか。それとも信念を曲げてでも僧団の存続をはかるのか。（中略）何を捨て何を守るのかを正しく判断する洞察、そして捨てるべき物を正しく捨てることのできる覚悟、仏教の僧侶にはそういったものが個々の事態に際して不断に要求されている」（p.294）。

（9）伝承資料の不自然な偏りから、中村元は『ゴータマ・ブッダⅠ』（選集〔決定版〕11巻、春秋社、１９９２年）において、以下のような見解を述べている。「おそらく、後代になって、この大事件が勃発したときに、もしも釈尊が在したならば、このようにされたであろうという想像がおこり、それにもとづいてこのような伝説が成立したのであろう。そうだとするとこの大虐殺は釈尊の入滅後におこったことになる」（p.764）。しかし、註4で見たように、コーサラ国が既にマガダ国に吸収・合併されていたとすれば、この滅後説は成り立ち難い。これに対して、森章司は総合研究『原始仏教聖典資料による釈尊伝の研究Ｎｏ．19』（ネット上で公開）において、釈尊の晩年の事跡を相対的に検討し、そこからシャカ族滅亡年を導き出している。それによると、コーサラ国の王位がパセーナディからヴィドゥーダバに移ったのは、釈尊77歳＝成道43年の雨安居後のことで、その直後にシャカ族との間に武力衝突が起こったと推定している（研究ノート8「釈迦族滅亡年の推定」pp.198-199）。

第一章　種族主義の栄光と挫折

一　コーサラ国とシャカ族

1　ヴィドゥーダバの怨念

釈尊が成道して間もないころ、コーサラ国では波斯匿王（パセーナディ）が新たに王位に就いた。新王となったパセーナディはシャカ族の女を妃に迎え入れたいと願い、強大な軍事力を背景に交渉に当たらせる。その要求にシャカ族は「我らは大姓なり。いかなる縁にて、まさに婢の子と親を結ぶべし」と怒り、衆議のうえで、摩訶男（マハーナーマ）が下婢に産ませた女（行雨、ヴァーサバ）を自分の娘として差し出す。王妃として迎えられたその娘はやがて男児を産み、流離（ヴィドゥーダバ）と名づけられ、太子として育てられた。

ヴィドゥーダバが八歳になったときに、王命により、弓術を学ぶために、祖父のマハーナーマを頼ってシャカ族の城都・迦毘羅衛（カピラヴァットゥ）に留学する。そのとき、カピラヴァットゥでは新たな講堂が建設され、釈尊の来訪を待ち望んでいた。ところが、その講堂の、仏が座すべき獅子座にヴィドゥーダバが上ってしまった。シャカ族は激怒し「この婢の産めるものは敢えて中に入り座った」と罵り、ヴィドゥーダバを引きずり出し、殴りつけて地に転がした。ヴィドゥーダバはこれを怨み、好苦という梵志（バラモン）に「自分が王位を継いだときには、この辱めを思い出させよ」と命じた。やがて、パセーナディ王は寿命が尽きて命終し、ヴィドゥーダバを立てて王位を継がせた（以上、『増一阿含経』〈大正2、p.690上-下〉の要約＝骨子：①②③）。

ちなみに、ここに登場するマハーナーマは、釈尊の父・浄飯王（スッドゥーダナ）の弟である甘露飯王（アミトーダナ）の子で、釈尊とは叔父・甥の関係に当たる。マハーナーマは『増一阿含経』の他の箇所では「摩訶納（男）釈種」（大正2、p.560上）、パーリ資料でもマハーナーマ・サッカ（*Dhp-A*, I, p.358）と固有名詞に続けて種族名を付して表記されているところからすれば、シャカ族を代表する立場にあったと思われる。(1)

また、ヴィドゥーダバと名づけられた太子の漢訳名は、『増一阿含経』では「流離」あるいは「毘流勒」と記されている。他に「維楼勒」（『義足経』）、「維楼黎」（『琉瑠王経』）、「毘楼勒」（『興起行経』）、「随楼勒」（『仏五百弟子自説本起経』）、「毘盧択迦」（『大唐西域記』）などとも表記される。なお「流離」は「琉瑠」とも表記される（『四分律』『五分律』『出曜経』『法句譬喩経』『琉瑠王経』）。『根本有部律』では、訳語として「悪生」が用いられている。こうした漢語表記はヴィドゥーダバのサンスクリット名とされるヴィルーダカ（Virūḍhaka）からの音写であろう。『西域記』の「毘盧択迦」はそれに一致するし、他の漢語表記もそれに近い。Virūḍhaka はパーリでは Viruḷha となり、『中阿含経』212「一切智経」の「鞞留羅大将」（大正1、p.793中）はこれに一致する。水野弘元『パーリ語辞典』によれば、サンスクリットの Virūḍhaka は「毘楼勒」と音写され、人の精気を食らう増長天を言うとある（p.300）。『一切経音義』には「毘瑠璃王、此云増長」とある（大正54、p.475中）。南伝大蔵経でもヴィドゥーダバに「増長する者」という注記が付されている（34巻、p.6＝高田修訳）。

さて、このヴィドゥーダバの怨念が引き金となって、シャカ族滅亡という大惨事が惹き起こされる。ここで着目しておくべきは、シャカ族のもつ固有の種族意識であろう。そもそも、パセーナディ王から妃を迎えたいと申し出があったとき、シャカ族はみずからを「大姓」と称し、パセーナディ王を「婢の子」と蔑み、血縁関係を結ぶことを拒絶している。『五分律』「五衣法」にも、「当時、舎夷国（シャカ族の国）では、旧典に遵じて、異姓婚姻を一切行わなかった。しかし、波斯匿王（パセーナディ）はその氏族が貧しく、軍事力を恃んで強引に釈女を要求した」と記されている（大正22、pp.140下-141上）。「婢の子」とは、パセーナディ王が父王のマハーコーサラと身分の賤しい女（婢女、奴隷女）の間に産まれた子であることを言っているのであろう。シャカ族は、血統を乱す異姓婚姻（雑婚）を極端なまでに蔑視している。

とは言え、パセーナディは強大な軍事力を誇るコーサラ国の国王である。シャカ族も、その統治下にあった。(2)宗主国の国王であるパセーナディを「婢の子」と蔑視している。政治・軍事的あるいは経済的な力関係を超越した血統の尊卑をもって、専制君主に抗したのである。このシャカ族の血統を重んじる種族主義は「旧典に遵じて」とあるように、伝統的なヴェーダ文化の正統な保持を誇ったものだが、それは何よりも異種姓婚――特に王族の父と卑しい奴隷女の母との間に生まれた混血雑種を忌諱《きい》し、蔑視した。(3)だから、たとえ宗主国の国王であっても、「婢の子」であるパセーナディ王を蔑み、彼の求める妃には、下婢（奴隷女）の産んだ女をシャカ族の女と偽って差し出したとするのである。

パセーナディ王側にしてみれば、そうした血統的差別感を無化するためにも、シャカ族との親族関係が必要不可欠な戦略上の課題であったのであろう。しかし、シャカ族の狡知《こうち》によって、その要求は巧みにかわされてしまう。パーリの伝承によれば、パセーナディ王は使者に対して、妃に迎える女がマハーナーマと同じ食卓で食事をするところを見たいと要望させている。これは、シャカ族には「婢女とは死んでも食卓を共にしない」という不浄観を伴った差別意識があったからだが、マハーナーマは一計を案じ、娘と同じ食卓に就くときに、隣国の王からの手紙を持ってこさせる。マハーナーマは同じ容器から一切れの食べ物を取って口に入れた後は、右手を容器の中に置いたまま、左手に手紙を持って読む。彼がそれを熟読している間に娘は食事を終えるという寸法である。ことはそのように運び、娘が食事を終えると、マハーナーマは手を洗い口を漱《すす》いだ。パセーナディ王の使者はその様子を見届け、彼女が紛れもなくシャカ族の娘であると信じ、王に報告した。このようにしてマハーナーマが婢女に産ませた女はパセーナディ王の第一の后妃となり、ヴィドゥーダバを産んだとされる（4）。

そうした出生の秘事を、ヴィドゥーダバはカピラヴァットゥに留学したときに、大地に叩きつけられるような屈辱感とともに思い知らされる。シャカ族の扱いは余りにも屈辱的であった。「悪生（ヴィドゥーダバ）の行住した土地を膝の深さまで掘り起こして、新たな土を入れて清め、彼が寄りかかった柱や壁は表面を削り取って、乳香を込めた泥で塗り替えた」（『根本有部律』「雑事」〈大正 24, p.236 下〉）、あるいは「殿中の土を七尺まで掘り起こして、清い土を入れ牛乳で洗った」（『義足経』「維樓勒王経」〈大正 4, p.188 上〉）などと記されている。『ダンマパダ』の注釈書にも、シャカ族の召使の女が「下婢の倅が座った腰掛だ」と罵りながら、ヴィドゥーダバが座った腰掛を牛乳と水で洗い清めたとある。そして、それを聞き知ったヴィドゥーダバは、自分が王位に就いた暁には「奴等（シャカ族）の喉笛の血をとって私が座った座席を洗い清めさせてやる」と復讐を誓ったという（*Dhp-A.* I, p.348）。

こうした記述から読み取れるものは、シャカ族の純血主義が、下層種姓である奴隷や、奴隷との混血雑種姓の劣性を遺伝的に本質化し、彼らに対する社会的暴力（不浄観を伴った差別）の合理化と実行に結びついているという、およそ「四姓平等」を説く釈尊の教えとは無縁の種族主義の実態である。となれば、自身が属するシャカ族の伝統的な種族主義を、釈尊はどのように捉え、どのような位置づけをしようとしたのかが問われることになる。

ところで、シャカ族とコーサラ国王との間に見られる血統的摩擦については、釈尊の次のような教示が残されている。ヴィドゥーダバが屈辱を受けて帰国したとき、父王のパセーナディ王は妃として迎え入れたシャカ族の女の素性を知る。即座に、ヴィドゥーダバとその母である妃を王室から追放し、奴婢の扱いに貶《おとし》めた。それを知った釈尊はパセーナディ王を説き諭す。「確かに、シャカ族のとった行動は間違っていた。与えるなら、同族の女を与えるべきであった。しかし、与えられた女は婢女とは言え、シャカ族の王邸で灌頂を受けた王女である。ましてや太子は王であるあなたが生ませた子である。血統は、母方の姓（māti-gotta）によらず、父方の姓（piti-gotta）によるべきである」と。(5)

以降、ヴィドゥーダバ母子は王室に戻り、パセーナディ王の寵愛を受けたようだ。『中阿含経』「愛生経」（大正1、p.801下：MN. II, p.106）にはパセーナディ王が愛した者として「鞞留羅大将」（ヴィドゥーダバ）の名が母の「雨日蓋」（ヴァーサバー）とともに挙げられている。また、太子に復権したヴィドゥーダバは将軍（大将）として武威を振るっている。その言動を伝える資料は極めて断片的であるが、たとえば漢訳資料には、マガダ国とコーサラ国の国境で賊群を捕らえたこと（『根本有部律』「出家事」〈大正 23、p.104 上〉）、あるいは暴虐無道な振舞いで、酔象を駆って人民を踏み殺させ、それを見た多くの貴姓の婦人が出家したといったエピソードが伝えられている（『賢愚経』〈大正 4、p.367 上〉）。おそらく強暴な武将として恐れられた存在であったのだろうが、そんなヴィドゥーダバにパセーナディ王は深い愛情を注いでいたようで、病気に罹《かか》ったときには、わざわざ妙薬の牛頭栴檀《せんだん》を取り寄せ治療したこともあったという（同前〈大正 4、p.430 下〉）。また、『中阿含経』「一切智経」には、パセーナディ王が釈尊に会うときに同道し、ともに教説を聴くこともあったことが伝えられている（大正 1、p.793 中：MN. II, p.125）。

これらの記述からすれば、パセーナディ王は釈尊の教えを受けた後、ヴィドゥーダバに対して従来に増して愛情を注ぎ、国政の場でも重用したことが窺える。しかし、ヴィドゥーダバはシャカ族から受けた屈辱的な仕打ちを忘れることがなかったということであろう。

２　パセーナディ王と仏教

現存する経蔵・律蔵の七割から八割は、パセーナディ王が統治するコーサラ国を舞台にして説かれたものであるという[6]。それが初期の仏教教団の活動実態を反映しているとすれば、コーサラ国は紛れもなく釈尊の最大の活動拠点であって、パセーナディ王が釈尊教団の形成史に大きな役割を果たしたことに間違いはないのだろう。

そこでまず、パセーナディ王は何時、どのようにして釈尊への帰信を果たしたのかを確認しておきたい。これには二種の伝承がある。その一つが「少年経」と称される経典が伝える伝承で、パセーナディ王はこの経典に説かれたような因縁によって釈尊に帰信したとされる。「少年経」とは、パーリの『相応部』3「拘薩羅相応」の冒頭に置かれた「幼少」と題する経典（SN. I, p.68）を指し、漢訳では『雑阿含経』1226（大正 2, p.334 下）、『別訳雑阿含経』53 経（大正 2, p.391 下）がこれに相当する。

この経典の因縁譚によれば、釈尊との最初の会見において、パセーナディ王は極めて高圧的な対応を見せている。――祇園精舎に滞在していた釈尊を訪ねた王は、開口一番、「尊者ゴータマよ、あなたは無上の悟りを開いたと自称されるのか」と詰問するような口調で迫る。王は、当時の高名な沙門婆羅門たちの名前を列挙し「彼らですら無上の悟りを開いたとは宣言していない。にもかかわらず、若輩で修行経験も浅いあなたが悟りを開いたとは、私には信じられない」と迫ったのである。パセーナディ王が挙げた高名な沙門婆羅門とは、アージーヴィカ教のプラーナ・カッサパ、マッカリ・ゴーサーラ、パクダ・カッチャーヤナ、そしてジャイナ教のニガンタ・ナータプッタ、懐疑論のサンジャヤ・ヴェラーティプッタ、順世派のアジタ・ケーサカンバラの六人である。いわゆる、仏教側からは六師外道と呼ばれた当時の代表的な自由思想家たちである。彼らに比して、釈尊は「幼い少年であって、出家して久しからず」、その釈尊が「阿耨多羅三藐三菩提を得た」と自称するのは、いかにも傲慢ではないかというのである。当時、釈尊は成道して一四年、五〇歳のころと推定されている。[7] 経名の「少年」や「幼少(Dahara)」は今日の感覚からすれば不自然だが、インド古代の法典が定める四住期などを勘案すれば、五〇歳という年齢はそういう感覚で受け止められていたのであろう。

これに対して釈尊は、若いからといって見下したり軽蔑してはならない、と真正面から切り返している。例えば、王室の人々を若いからと言って見下したりすれば、その人が王位を得た後に、激しく王の罰を加えるであろうし、あるいは蛇は小さいからといって侮ってはならないし、炎もまた小さくても薪を得たならば、その勢いは大きくなる。そのように、若いから、小さいからといって見下したりすると災厄を招くものがあるが、それと同様に、よく戒律を守っている沙門を若いからと言って見下したり軽蔑したりしてはならない。しかも、例えば、炎の場合、それがすべを焼き尽くすと言っても、焼かれた草木はそれでも種を残し、季節が来れば新芽を出すが、よく守られた戒律の炎は、その種をも焼き尽くし、その人に相続する子孫は生まれず、繁栄もなければ財を得ることもないであろう、と血統・家系の断絶をも予言するのである。この確信の言に慢心を打ち砕かれたパセーナディ王は、生涯にわたって仏・法・僧に帰依し、優婆塞となることを誓ったとされている。

漢訳では、『雑阿含経』は「波斯匿王聞仏所説。歓喜随喜作礼而去（波斯匿王は仏の所説を聞き、歓喜随喜し礼をなして去る）」（大正2、p.335中）と簡単な記述で締めくくっているが、『別訳雑阿含経』にあっては、極めて具体的なパセーナディ王の回心の模様が次のように伝えられている。

「爾時、波斯匿王、聞此語已。其心戦慄。身毛為竪。即従坐起。偏袒右肩。合掌向仏。白仏言。世尊、我於今者、実有過罪。自知毀犯。譬如瓔愚。狂癡無知。所作不善。唯願世尊、憐愍我故。聴我懺悔。仏告波斯匿王言。我今愍汝、聴汝懺悔。時、波斯匿王既蒙懺悔。心大歓喜、作礼而去」（大正2、p.392上）。

――そのとき、波斯匿王はこの語を聞き終わって、その心に戦慄が走り、身の毛がよだった。即座に立ち上がって、上衣を偏袒《へんたん》し、世尊に向かって合掌した。仏に言上して曰く「世尊よ、私は今、過ちを犯したことを自ら知ることが出来ました。愚かで、不善をなしました。唯願わくは、私に憐愍をかけてくださり、私の懺悔をお聞き届けください」。仏は波斯匿王に告げて言われた。「我は今、汝を哀れみ、汝の懺悔を聞こう」。波斯匿王はその言葉を聞き、心大いに歓喜して、礼をなして去った。

この文からは、釈尊の確信の言を前にして、パセーナディ王（波斯匿）が心を戦《おのの》かせ叩頭《こうとう》しつつ自身の慢心を懺悔したこと、そして、それを釈尊に受容されたことを大いに喜ぶ様子が伝わってくる。ここでは、パセーナディ王が優婆塞になったかどうかは明記されていないが、こうした因縁によって、パセーナディ王が釈尊に調伏され、帰依したとする説が広く定着したのであろう。

ちなみに、ここで釈尊が展開したのは、言わば闘争的対話であって、自らの悟りの内容を説き示すといった理性的対話ではない。釈尊は高慢な大国の国王に対して、持戒の沙門を誹謗中傷する者への報いを厳しく言い放ったのである。釈尊にとって弘教・教誡とは、一面では折伏であり、言葉による真剣勝負であった。高慢心は折伏されるべきであり、不善心は折伏されるべきである。邪を破し、悪人を挫《くじ》き伏す。この折伏精神をもって、釈尊はパセーナディ王に対したのである。

もっとも、このような折伏という行為は釈尊の教えに相応しくないのではないかという疑義が常に付き纏っていたようで、例えば、『ミリンダ王の問い(8)』には、こんな問答が展開されている。――釈尊の教えに「この世において、他人を害することなかれ。他人を喜ばし、親切なれ」とある。にもかかわらず、他人を非難し、咎め、挫き伏すような折伏という行為は、釈尊の教戒とは思われず、真理の説示とは到底思われない。ミリンダ王（彌蘭陀）はこう言って、折伏の意義を問い質す。王は折伏の語義を「手を切り、足を切り、殴り、縛り、拷問にかけ、死刑に処し、生命の存続を断つ」こと、つまり世俗の王権が行使する刑罰と同義にとり、盗賊など悪事を行う者を厳しく罰するように、釈尊もまたそのような刑罰主義に立って衆生を教化しているかと問うのである。

確かに、釈尊は戒律を守る沙門を誹謗・中傷すれば子孫の断絶を招くと、パセーナディ王を折伏している。刑罰における「生命の存続を断つ」とは、犯罪者個人の生命を断つ（死刑）だけではなく、その血統・家系の断絶をも意味しているが、そのような重罰を、釈尊は、しかしながら、ただ言葉によってのみ科すのである。仏教僧ナーガセーナは言う。釈尊の説く真理・教誡は、「不害」をもってその特質となす、と。つまり、徹底した非暴力的な手段によってのみ、釈尊の折伏行は行使されるというのである。それも刀杖（武力や刑罰）を背景とした王権の当事者たるパセーナディ王に対して言い放ったのだから、これはもう、言葉による真剣勝負を挑んだという以外ない。言うなれば、身に一寸の武器も帯びずに、槍衾《やりぶすま》の真っ只中を突き進むようなものであった。相手が、パセーナディ王であるだけに、殊更、そのことを強く感じさせるが、そのような激しい一面が釈尊にあったことは特筆されてよい[9]。

さて、パセーナディ王の帰信を語るもう一つの因縁譚が『中部』「愛生経」（*MN*. II, p.106）に記されている。

この経には、末利夫人（マッリカー）が登場し、彼女が釈尊の教えを自分なりに咀嚼《そしゃく》しパセーナディ王に伝えたところ、それを聞いた王が心から納得し、釈尊への帰命を宣言するという因縁が語られている。――あるとき、一人の居士が「愁悲苦憂悩は愛より生じ、愛より起こる」という釈尊の説法を聞き、その説を喜ばず罵《ののし》って「愛より生じ、愛より起こるは喜楽なり」と反論した。その場に居合わせた聴衆の多くが居士に同調し、立ち去るということがあった。そうした市中の話題が王宮内に届き、パセーナディ王は釈尊の教説に不審を抱く。そこで、すでに釈尊に帰信していた末利夫人にその教えの真偽を糾《ただ》す。夫人は、世尊が説かれたことに間違いはない旨、即答するが、王は納得せず、かえって夫人の釈尊への恭順ぶりを非難する。はたして、悲愁や苦悩は愛から生じ、愛から起こると言えるのか――末利夫人は釈尊の教えを自分なりに咀嚼して、こんな事例を挙げてパセーナディ王の理解を導き出す。王には、末利夫人との間に生まれたヴァージリーという王女があり、もう一人の夫人であるシャカ族から嫁してきたヴァーサバーとの間にも鞞留離（ヴィドゥーダバ）という太子があった。王は妻や子どもたちを心から愛していた。もし、彼（女）らの身に何か異変が起こったならば、どれほどの悲しみや苦悩に見舞われることか。さらに王が領有するカーシー国やコーサラ国に異変が起こったらどうか。このように自身が実感できる事例を提示された王は、確かに釈尊の説く「愁悲苦憂悩は愛より生じ、愛より起こる」という教えは「慧によって洞察し、慧によって観察した」正論であると納得し、末利夫人に「いよいよもって釈尊を賛嘆せよ」と勧めるところとなった。そして、パセーナディ王は座より立って、上衣を偏袒し、世尊に向かって合掌して、「彼の世尊、応供、等正覚者に帰命し奉る」と感興の言葉（ウダーナ）を三度唱えたという。

　これに相応する漢訳は『中阿含経』216「愛生経」だが、ここでは波斯匿王が末利夫人の話を契機として、「今日より、沙門瞿曇（釈尊）を我が師と仰ぎます。私は釈尊の弟子です。末利よ、私は今より仏法及び比丘衆に帰依します。ただ願わくは、世尊が、私の寿命が尽きるまで優婆塞として受け入れてくださいますように」（大正1、p.800下）と祈願し、優婆塞になったとされている。

以上、パセーナディ王の帰信に関する二説を見てきたが、いずれの因縁譚が決定的な動機であったのかを問う必要はない。ここでは、国王周辺にまで及んだ釈尊の布教活動の伸展の重層性を読み取っておけば十分であろう。とは言え、これによって優婆塞になったかどうかを含めて、パセーナディ王が自覚的に釈尊の教えへの順修の道を歩み始めたと考えるのは早計である。パセーナディ王は強権的志向の極めて強い国王であって、法を説く釈尊に対して、ことさら王権の威力を誇示する場面もしばしば登場する。たとえば、釈尊に帰依した直後に王が発したとされる宣令である。『根本有部律』「四波羅市迦法」第3「断人命学処3」には、次のように記されている（大正23、p.664下）。同様の記述は、同律の「出家事」（p.1040上）および「尼陀那」（p.432上）にも見られる。

「時彼摩竭陀影勝王得見諦已。与八万諸天并摩竭陀国婆羅門居士無量百千衆俱。時影勝王於王舎城撃鼓宣令。普告王城及外来者諸人当知。於我国中居住之者不応作賊。若作賊者当遠流擯。所失之直我以庫物而酬填。爾時世尊。為勝光王説少年経軽令生信已。時勝光王於憍薩羅国撃鼓宣令。普告城邑及四方客曰。諸人当知。於我国中現居住者不応作賊。若作賊者当断其命。所失之直我以庫物而用酬填」

——マガダ国王の影勝（ビンビサーラ）は見諦を獲得した後、八万の諸天並びにマガダ国に住む無量百千衆の婆羅門居士が見守るなか、王舎城において鼓を撃って次のような宣令を発した。我が国中に居住する者は決して盗賊行為を行ってはならない。もし盗賊行為をなせば、当に遠く流擯に処す。盗賊に奪われた物品は我が庫物をもって酬填する。世尊は勝光王（パセーナディ）のために「少年経」を説いて軽く信を生ぜしめおわると、勝光王はコーサラ国において鼓を撃って次のように宣令した。我が国中において居住する者は決して盗賊行為を行ってはならない。もし盗賊行為をなせば、その命を断じる。奪われた物品は我が庫物をもって酬填する。

ここでは、釈尊に帰信した直後のビンビサーラとパセーナディ両王の宣令内容が対比的に述べられている。両王とも同様に、盗賊行為には厳罰主義をもって臨み、被害を受けた物品については国庫によって補填する旨の宣令を発しているのだが、ただ一点、盗賊行為を行った者への刑罰において流刑か死刑かの違いがあって、そこに国王としての資質の違いが象徴的に現れている。傍線を付したように、釈尊の教えに接してパセーナディ王が得たものは「軽信」であった。そして、その直後に発した宣令で、盗賊に科したのは「流擯」ではなく「断命」であった。そのことを、ビンビサーラ王との対比において印象づけている。

さて、先に触れた「幼少」を含め、パーリの『相応部』3「拘薩羅相応」には、パセーナディ王を主人公にした二一経が収められている（SN. I, pp.68-102）。漢訳では、『雑阿含経』1145～1150、1126～1240の都合二一経および『別訳雑阿含経』53～73の二一経が、これに相当する。これらの経々によると、パセーナディ王は専制的君主としての権能を放縦に振るい、帰信後も釈尊および釈尊の教団との間に相当の軋轢を起こしていたことが確認できる。

たとえば、「山の比喩」と題された項には、こんなエピソードが記されている。――（おそらく、釈尊のもとを訪れ、教えを求めることなどは殆どなかったのであろう）傍らに座ったパセーナディ王に釈尊はこう尋ねている。「あなたは、どうしてここに来られたのですか」。言外に、日ごろの不信心への戒めを含めたようなこの問いに、王は答えている。「尊師よ、灌頂を授けられた王族は、権力支配の驕りに酔い、愛欲・貪りに耽り、国の安全を達成し、広大な領域を征服して支配しています。そのように王族には、国主としての務めがあるのです。今、私はそうした務めに熱中していたのです」（SN. I, p.100：『雑阿含経』1147〈大正2, p.305中〉）。『ジャータカ』にも、こうしたパセーナディ王の気質について「主権の誇りに得意になり、愛欲の愉しみに耽り、裁判も執り行わず、仏への奉仕も怠った」と批判的に記されている（J. IV, p.177）。いかにも国王然としたパセーナディ王の態度ではある。そこで、釈尊は大きな山の譬えをもって応じている。曰く、「いかに国王の務めに熱中していても、大きな山のような脅威・恐怖には勝つことが出来ない」。ここで釈尊は、人身たることを脅かす老いと死を大きな山に譬え、その脅威・恐怖が王にも迫り来ることを示し、求法への自覚を促すのであった。

この「山の比喩」は、「拘薩羅相応」二一経の最後に置かれたエピソードであってみれば、最初の「幼少」から順次、時系列を追って記されたものではないにしても、終始、パセーナディ王の信仰は深まりを見せることがなかったことを思わせる。王は釈尊の教えに反して大規模な祭祀をしばしば行ったという記述もある。その都度、大量の牛や羊の犠牲獣を準備させ、その準備に当たる王の奴僕や召使、下男たちもまた、刑罰に処せられるのを恐れて、恐怖に怯えて、顔に涙を流して泣きながら準備に当たったという（SN. I, p.75：『雑阿含経』1234〈大正2, p.338上〉）。これなどは、明らかに釈尊の教えに反した行為であって、釈尊は祭祀を行うに際して、まず犠牲祭を戒め、ただ酥・乳・麻油・蜜・黒蜜・石蜜のみを用いること、そして人々に喜びを与えることをもって、祭祀の法とすべきであると教えている（DN. I, p.141：『長阿含経』15-22〈大正1、p.100中〉）。あるいは、多くの人々を捕縛し、縄や鎖、枷《かせ》で縛りつけることも頻繁に行ったという記述もある（SN. I, p.76：『雑阿含経』1235〈大正2、p.338中〉）。これらの記述から、パセーナディ王は強権的志向が極めて強く、およそ敬虔な信仰者とは思われない言動が目立つ国王であったようだ。

他の経典でも、たとえば『増一阿含経』47-7には、こんな記述もある。ある時、多くの比丘が講堂に集まって相談した。「今、波斯匿王は非法を行い、聖律の教えを犯している。比丘尼が阿羅漢道を得ているのを譏（そし）り、一二年間宮内に閉じ込め、与供に交通した。又、仏・法・比丘僧に事（つか）えず、篤信の心を以て阿羅漢に向かおうとしない。即ち、仏・法・聖衆において信心無し。我等宜しく遠離し、この土に止まること勿れ。その所以は、王が非法を行う時は大臣も亦非法を行い、大臣が非法を行うことによって左右の吏佐も亦非法を行う。吏佐が非法を行うから諸の庶人類も亦非法を行う。我等今宜しく遠国に乞求してこの邦に止まらず」（大正2、p.782下）。

それほどの非法・破法を繰り返すパセーナディ王であったが、それでも、その都度、釈尊の叱責や教示を蒙りながら、次第に信仰を深めていったということであろう。祇園精舎の近くに建立された王園精舎は比丘尼寺であったが、これはパセーナディ王が寄進したものとして伝えられているし、また絶大な布施をサンガに行ったという記録もある。(10)

3　パセーナディ王の回心とクーデター

ここで、パセーナディ王からヴィドゥーダバへの王権の継承問題を考えておきたい。『増一阿含経』では「波斯匿王は寿命のままに世に在ったが、遂に命終に至った。そこで、流離太子を立てて王位を継がせた」と簡単に記されている（大正2、p.690下）。『義足経』「維楼勒王経」にも、「是より久しからずして舎衛国王崩じ、大臣衆議して太子を徵し拝して王と為す」（大正4、p.188上）とあり、先王の崩御による王権の移行が自然に行われたように記録されている。しかし、『出曜経』では「父王を位より退け、自ら立ちて王となる」（大正4、p.669中）と記され、また『四分律』「衣犍度」にも「後に王波斯匿は王位を失し、琉璃太子即ち自ら王と作る」（大正22、p.860中）と記されているところからすれば、この王位継承には、太子側からの何らかの圧力が働いたことも考えておかなければならない。さらに『法句譬喩経』には「（流離太子は）其の年二十にして官属を将《ひき》い従え、其の父王を退かせ、兄太子を伐ちて自らを禅して王と為す」（大正4、p.590下）とあり、太子であったヴィドゥーダバによる強引な王位の簒奪が行われ、しかもライバルの兄を殺して王位に就いたとされている。これはもはやクーデターと言っていい政権移行が行われたと看做《みな》しているのであろう。

ただ、『六度集経』には異なった経緯が記されていて、コーサラ国は佞臣《ねいしん》の巧辞によって二嫡が立てられ、それぞれ民を分かって正治していたが、波斯匿王が崩御したことに伴い、位して両国を建てたとする。そして「仁凶分流。仁即奉兄。凶馳詣叔（弟）」とあり、仁を重んじる民は兄祇陀を奉じ、凶なる民は弟流離のもとに馳せ詣でたとされている（大正 3、pp.30 下-31 上）。

ちなみに、パセーナディ王には二人の太子があった。ヴィドゥーダバと兄のジェータ（祇陀）であるが、兄のジェータは広大な林園を給孤独長者（須達長者）に売り、祇園精舎の創建に貢献したことで知られている。また「東宮において仏の教えを慶んで聞いた」（『法句譬喩経』〈大正 4、p.583 上〉）とあり、釈尊に深く帰信していた様子が窺える。

ところで、この王位の移行問題について、パセーナディ王が釈尊と会見している間に、将軍（大臣）のディーガ・カーラーヤナ（長作、長行）の画策によってヴィドゥーダバが王位に就き、その後にパセーナディ王が客死したとする経緯を具体的に伝える複数の経典資料がある。経典名を挙げれば、『根本説一切有部律』「雑事」（大正 24、pp.237 上-239 上）と『ジャータカ』（*J.* IV.

pp.144-158）および『ダンマパダ』の注釈書（*Dhp-A.* I, pp.337-362）の三経が詳細に記し、他に、『法句譬喩経』（大正 4、p.583 上）、『仏説琉璃王経』（大正 14、p.783 中）にも、場所の設定などの違いはあるが、ほぼ同じ内容の伝承が記されている。

これらの記述によれば、パセーナディ王が釈尊と会見したときの模様を、漢訳『中阿含経』「法荘厳経」（大正 1、p.795 中）およびパーリ『中部』「法荘厳経」（*MN.* II, p.118）に記された内容に連動させ、この会見を舞台にして王権の簒奪劇が行われたとされている。そこで、まず「法荘厳経」に記された会見の要点を抑えておきたい。

釈尊が、シャカ族の都邑メーダルンパ（彌婁離）に滞在していた時、コーサラ国のパセーナディ王が訪れ、釈尊への恭敬心をしみじみと表明する。この時、王は宝剣や王冠など国王の権威の象徴である五儀飾のすべてを将軍（大臣）のカーラーヤナに与え、一人の人間として単身で釈尊にまみえている。[11] そして、愛敬の念を込めて釈尊の御足に接吻し、手で擦りながら、三度にわたって「私はコーサラ国の波斯匿王であります」と、ことを改めたように名乗ったという。その立ち居振舞いには、何か尋常ならざる思いが籠められているようであった。「どうされたのですか」と声をかける釈尊に、王は次のように述べる。

「私は刹帝利（王族）の灌頂を授けられた国王として、我が領土を統治してきました。しかし、今や世の中は争いが絶えない。国王は国王と争い、バラモンはバラモンと争い、資産家は資産家と争う。肉親にあっても父子・母子・兄弟姉妹が互いに争い、あるいは友人は友人同士でまた争い合っています。ところが、尊師によって築かれたサンガ（僧伽）は乳と水の如く実に見事に和合しています。尊師によって法が説かれ、その法に則って弟子である比丘たちは終生清浄なる梵行を修しています。彼らは尊師の教えを厳粛に聞き、かつて敵対していた者でさえ、教えを信じて弟子となり、出家を願って阿羅漢を成就しています」。

以下、釈尊の説き示す法とその指導性に最大の敬意を表し、さらに釈尊によって築き上げられたサンガという共和の世界を讃嘆したうえで、次のように言う。「尊師も刹帝利であり、自分も刹帝利であります。尊師もコーサラ人であり、自分もコーサラ人であります。尊師も八十歳になられ、自分も八十歳になりました。これをもって、私は尊師を生涯にわたって恭敬供養します」。

ここでパセーナディ王は、自身と同じ条件を備えた人間釈尊に対して親愛の情を込めつつ、なおかつその人釈尊をブッダとして生涯にわたって恭敬供養することを誓っている。それはとりもなおさず、国王たる自身の生き方に引き寄せて釈尊が説くところの法を納得し、その正しさを確信するに至ったことの表明でもあったのだろう。釈尊の説く法と言っても、パセーナディ王にとってそれは、普遍的な真理というにとどまらず、親しみに満ちた生身の釈尊という一個の人格に立ち顕れてくる振舞い、生き方を通じて実感されたところのものであった。絶対的な権力を持っているからと言って、国王が尊敬されるわけではない。多くの財宝を持っているからと言って、富豪が尊敬されるわけでもない。人が人として尊敬されるのは、もっと別の要素による。

それに、「法」を動かすものは、権力でも財力でもない。人間が「法」を動かす。人々が、その「法」の正しさを認めるから機能する。一面から言えば、パセーナディ王が国家の最高権力者であるのと同様、釈尊もまた仏教教団にとって唯一絶対の権力者である。パーリの資料にはないが、漢訳では「我は国王、世尊は法王」と対比的に認め合おうとするパセーナディ王の言葉が加えられている（大正1、p.797中）。仏教の「法」も、個々の修行者の生活や教団の運営の在り方を規定する「律」も、釈尊によって独断的に打ち出されたものである。しかしながら、法王として釈尊が行使する権力とは、サンガを構成する平等な比丘たちが相互に信頼し合い、自発的に作り出された権力であって、その権力に自らを委託している。それも、ある日突然出来たり、崩壊したりするのではなく、日々同意され、日々作られていく。同じ権力であっても、その成り立ちに根底的な違いがある。そのことに、パセーナディ王は気づいたのであろう。

王の帰依心を評した釈尊の言葉に、こうある。――波斯匿王は、沙門瞿曇（釈尊）の種族が高く、財宝が甚大で、形色が至妙で、大威神があり、善智慧があって、自分にはそれらが備わっていないからと言って、私を愛敬至重してくれているのではない。ただ、法を愛敬し、至重供養して奉事をなすがゆえに、わが身を下意して、私を愛敬し至重供養してくれているのだ、と（『中阿含経』154「婆羅婆堂経」〈大正1、p.673中〉）。

こうしたパセーナディ王の帰依心をことさら重視した釈尊は、阿難に命じて同地に滞在していたすべての比丘を集めさせ、「今、波斯匿王は我が前で法の荘厳なるさまを説いた。この法を荘厳する言葉を受持すべし。これには利益があり、根本の梵行となろう」（大正1、p.797中-下：*MN*. II, p.124）と教示したという。

ところが、王権の当事者たるパセーナディ王のこの回心は、権力政治の渦中にあって、いとも簡単に逆利用されてしまうことになる。会見の直後、カーラーヤナ将軍（大臣）の策謀によって、王位はパセーナディから太子のヴィドゥーダバに移され、新王となったヴィドゥーダバによって釈尊の出身種族であるシャカ族が殲滅させられるという、釈尊および釈尊の教団にとって未曾有の危機を招くことになるのである。会見から、わずか半年後のことであった(12)。

こうした経典資料に記された社会変動が、どれほど歴史的事実を反映しているかは不明としか言いようがないのだが、権力政治の奔流は信仰心がもたらす人格的な深化や精神的紐帯・感化力など、いとも簡単に押流してしまうという背理は、明瞭に伝わってくる。それが現実というものであって、現実には現実の、有無を言わせぬ力がある。先に記したように、パセーナディ王は国王の標識である五儀飾を将軍カーラーヤナに預けたうえで、釈尊との会見に臨んでいる。それは仏にまみえる際の儀礼というに止まらず、釈尊に帰命する八十歳の老王の、最大の恭順の表明でもあった。しかし、それはいかにも無防備な選択であった。

実際、パセーナディ王とカーラーヤナとの間に、王位の標識の扱いを委ねるほどの信頼関係が築かれていたわけではない。それればかりか、カーラーヤナの叔父バンドゥラは将軍であったが、悪徳裁判官の讒言《ざんげん》に踊らされたパセーナディ王によって謀殺されている。その後任にカーラーヤナが将軍に補されたのだが、「叔父上は、この王に殺された」とパセーナディ王への怨念を募らせ、常に王の隙を窺ったという。そんな背面服従の闇を支配すべき王権の当事者にしては警戒心がなさすぎた。会見を終えて表に出たパセーナディ王を待っていたものは、一頭の馬と一人の侍女だけであった。五儀飾を手にした将軍カーラーヤナは軍隊を率いて王城に戻り、手際よく太子のヴィドゥーダバを国王に就けてしまうのである。

残された一頭の馬と一人の侍女だけを頼りに、パセーナディ王はマガダ国に向かう。パーリ資料には、王は「阿闍世王の力を借りて、ヴィドゥーダバを捕らえるのだ」と言って王舎城に向かったとある（*Dhp-A.* I, p.356）。結局、城内にはたどり着けず、途中の公堂で風と熱に悩まされながら息を引き取る。その報告を受けた阿闍世王は、パセーナディ王の死を悼み、手厚い供養をもって葬儀を行ったという。

ところで、パーリ資料ではパセーナディ王と阿闍世王の関係を、叔父と甥という親族関係にあったとする。阿闍世王はヴィデーヒプッタ（ヴィデーハ国から来た妃の子）と呼ばれているように、母の名はヴィデーヒであって、漢訳ではこれを韋提希とする。韋提希はコーサラ・デーヴィー（喬薩羅皇后）とも呼ばれ、パセーナディ王の妹とされている（*J.* II, pp.237, 403）。

もともと、阿闍世の父ビンビサーラ王とパセーナディ王は互いに妹の夫という関係にあった（*Dhp-A.* I, p.335）。パセーナディ王は妹の韋提希をビンビサーラ王の妃に入れる際に、カーシー国の土地を持参金として贈っている（*J.* II, pp.237, 403）。その韋提希の子である阿闍世が父王のビンビサーラを幽閉し餓死させたうえ、王位を簒奪するという事件が勃発する。これには、「汝は父王を殺して新王となれ、我は仏を殺して新仏とならん[13]」とする提婆達多の教唆があったとされるが、この提婆達多と阿闍世の関係、あるいは提婆達多の破僧事件そのものの検討については、別の機会に譲るとして、いずれにしても、阿闍世が王位を簒奪した直後に、コーサラ国との間に全面戦争が起こっている。全インドの統一という野望を抱いた阿闍世の仕掛けた侵略戦争であったのか、それとも父王殺しという非法を犯した阿闍世への報復に乗り出したパセーナディ王の弔い合戦であったのか、その辺りの経緯は不明だが、カーシー国を戦場に四軍（象兵・騎兵・戦車・歩兵）を動員した総力戦が展開された。

パーリ資料の伝えるところによれば、「（阿闍世が）父王を弑して王位に就くや、父王の寵妃コーサラ皇后（韋提希）は悲しみに堪えずして死す。皇后の兄パセーナディ王は怒って、その皇后の持参金として贈ったカーシーの土地を奪い返す。このことによって戦争が起こり、阿闍世再び戦い、再び勝つ」（*Dhp-A*. III, p.259）とある。さらに続けて「最後の戦いにて、パセーナディ王が勝ち、阿闍世を捕えたが、義理のある甥であったのでこれを赦し、且つ、姫のヴァジラー（金剛）を与え、その持参金として、カーシーを返し与える」（*Dhp-A*. III, p.266）としている。

このカーシー国の争奪をめぐる阿闍世とパセーナディ王の争いについては、『相応部』「拘薩羅相応」にも、ほぼ同じ内容の記述が見られる（*SN*. I, pp.82-85；『雑阿含経』〈大正 2, p.338 中 - 下〉）。前後五年以上に及ぶ長期の激戦であったと考えられる。[14] 最終的にはパセーナディ王が勝利し、象兵・騎兵・戦車・歩兵の四軍すべての武装を解除させたうえ、阿闍世を生け捕りにし、後に放免したという。阿闍世が自分の甥であるという親族関係に鑑みた人道的・平和的な終戦処理であったように描かれている。しかし、実際にはパセーナディ王側が自分の愛娘であるヴァジラー姫を阿闍世の妃に差し出し、しかもカーシーの土地を返還しているところをみると、薄氷を踏むような和睦に持ち込むのが精一杯と言ったところであったのかもしれない。長期わたる大戦で、パセーナディ王は武力抗争の空しさと悲惨さを嫌というほど味わったのであろう。終戦処理を終えたその足で、王は釈尊に会うためにメーダルンパを訪れ、先に記した会見記事に見られるような真情を吐露したのである。(15)

二　シャカ族の血統神話

1　摩訶三摩多の系譜

シャカ族は系譜の純粋性を重んじ、その優性／劣性の差別意識を厳しく保持していた。たとえ種姓が王族・貴族（クシャトリヤ、刹帝利）であっても、その系譜に異種性婚姻による混血雑種が混入していれば、それだけで死んでも食事を共にないほどの不浄感をもって臨んだ。そうした差別的血統主義がヴィドゥーダバの怨念を招き、自族の滅亡という大惨事を引き起こした。諸経典の伝承は、そのような因果関係を共通の認識として伝えている。

種姓を言えば、シャカ族は「刹利種」、つまりカッティヤ（刹帝利：サンスクリットではクシャトリヤ）と呼ばれる王族・貴族種である。なかでも釈尊は「七世已来父母真正」（『長阿含経』「種徳経」〈大正1、p.95上〉）と特記されている。パーリ資料では、より具体的に「始原の刹利種（ādinakkhattiya-kulā）」の出身であり、「父母ともに生まれが正しく、血統が純粋であり、七世の祖父の時代まで遡っても、混乱がなく、誰からも非難されない」と記されている（*DN*. I. p.115）。

パーリ文にある「始原の刹利種」とは、シャカ族が刹帝利の中でも人類史上最初の王（刹帝利）とされる摩訶三摩多（マハーサンマタ）の系譜に属する種姓であることを指している。釈尊の系譜については、経典によって世代数や王名、あるいは王位継承の順序などは区々だが、摩訶三摩多を起源として、通常シャカ族の直接の鼻祖とされる聲摩王（オッカーカ）に連ねて祖父の師頬王（シーハハーヌ）、父の浄飯王（スッドゥーダナ）の名を挙げる点では共通している。[16] 一方、釈尊の生母摩耶（マーヤー）は、天臂城（デヴァーダハ）を都城とするコーリヤ族の王デヴァーダハサッカの孫姫とされ、このコーリヤ族もシャカ族と同じ聲摩王を鼻祖とする系譜をもっている。[17] 要するに、釈尊の系譜は父母ともに血統が純粋で混乱がなく、しかもその起源は人類史上最初の刹帝利（王）とされる摩訶三摩多に発しているから、誰からも非難されることのない至高の種姓を継承しているとされたのである。

2 「阿摩昼経」にみる種姓論争

このようなシャカ族に伝わる血統神話を、釈尊は布教の現場で〝生きた神話〟として実働させている。とくに、婆羅門教的な階級差別を破折する際の有効な論拠とした。シャカ族の系譜の優越性を直接的に扱った経典に「阿摩昼経」（大正1, p82：*DN*. I, p.87）がある。この経典は、シャカ族の系譜を記す最古の資料とされている。ここでは、婆羅門青年のアンバッタ（阿摩昼）が婆羅門至上主義の立場から、シャカ族はもとよりシャカ族出身の沙門である釈尊をも「毀形《きぎょう》、鰥独《かんどく》、卑陋《ひろう》、下劣にして黒冥の法を習ふ」（大正1, p.82中）、あるいは「彼の釈（子）は廝細《しさい》、卑陋、下劣にして、我が婆羅門を恭敬せず」（p.82下）等々と繰り返し非難・侮蔑・侮辱したことに対して、その傲慢さを釈尊は厳しく論断している。

釈尊は、真正の婆羅門種を自任するアンバッタ青年の姓を問い糾し、彼の姓がカンハーヤナ（聲王）であると聞くと、「爾りとせば、汝の姓は釈種の奴種たり」と断じる。シャカ族の鼻祖である聲摩王（オッカーカ）にデサー（方面）という婢女があり、彼女が婆羅門と婚姻し産まれた子どもがカンハーヤナであった。パーリ資料によれば、カンハーヤナのカンハーとは「黒い」を意味し、つまりは「邪悪な悪鬼」を暗喩した名とされる。下婢から生まれた「黒き児」は、生れ落ちてすぐ「母よ、我を洗え」と泣き叫んだという（DN. III, p.93）。爾来、婆羅門種はカンハーヤナをもって姓とするようになった。つまり、真正の婆羅門種を誇るアンバッタ青年は聲摩王の下婢の子孫であって、聲摩王の正統な系譜を受け継ぐシャカ族からすれば、彼の系譜は奴隷の種姓に始まったとするのである[18]。

そのうえで、釈尊は、シャカ族の系譜を説いて次のように言う。聲摩王には四人の王子がいた。経緯は漢訳とパーリ資料では異なるが、その四王子が国を追われ、雪山の麓にあった直樹林に住んだ。後に、四王子の母親がこの地を訪ね、「我女与汝子。汝女与我子。即相配匹遂成夫婦」（大正1、p83上）と提案したとする。母親には四王子の他に複数の子女がいたらしく、自分の娘を四王子に与え、王子たちの娘を自分の子に与えたというのである。つまり、叔母と甥、叔父と姪という三親等間で婚姻が行われたとしている。その結果生まれた男児こそがシャカ族の祖先であり、聲摩王は歓喜して「此真釈子真釈童子」（同前）と言い、「釈」と名づけたのは「自ら存立する能力」を有する故であるとした。一方、パーリ資料では、四王子は血統の乱れを恐れて自分たちの姉妹と配偶したとする（DN. III, p.92）。いずれにしても、シャカ族が血統の乱れを招く異種姓婚を不浄のものとして拒絶し、近親婚による種族の純潔性を堅持してきたことが、ここでは強調されている(19)。

このようにして、釈尊はアンバッタ青年の血統を問い糾し、それでもなお釈尊およびシャカ族を侮蔑するのであれば、その論拠を明示せよ。もし反証が出されないとなれば、「即座に、その頭は七裂すべし」（大正1、p.83上）と脅しまでかけている。釈尊との論争にはそれほどの覚悟を要し、彼の発する言葉は王権が行使する刀（軍事力）や杖（刑罰）に匹敵する実働性を伴うということを主張している。結局、アンバッタ青年は釈尊の人格的権威の前に叩頭し、釈尊の説を受け入れる。

かくして、種姓論争を制した釈尊は、重ねて婆羅門を最上とする四姓観を敢然と否定し、そのうえで刹帝利の婆羅門に対する優位性を説く。曰く、「刹利生中に勝れ、種姓も亦純真にして、明行悉く具足せば、天人中の最勝なり」（大正1、p.83中）と。四姓を論じるのであれば、最上位は婆羅門ではなく刹帝利である。しかし、人間として尊ばれるべき存在を言えば、明行具足の人である。なれば、その明行の内実とは何か。釈尊は続けて言う。明行具足の人とは、生まれや種姓に束縛されたり、その優劣に拘って慢心を抱くような生き方を断じ尽くした人である――以上が「阿摩昼経」において展開されたシャカ族と婆羅門種をめぐる種姓論争の要約である。

三　釈尊の種姓観とシャカ族

1　四姓平等と業報思想

釈尊が、神の権威を背景にした婆羅門教的な階級観念を否定し、インド社会を特徴づける四姓制度（カースト）のもつ本来的な意義を明らかにしたうえで、人間の平等性を主唱したことは、よく知られている。[20] 釈尊の教説において、四姓問題が直接的に取り扱われている資料を挙げれば、以下のようなものがある。

1、『スッタニパータ』1-7「賎民経」、3-4「孫陀利迦婆羅堕闍経」、3-9「婆私吒経」
2、『ダンマパダ』26「婆羅門品」
3、『長阿含経』第六巻「小縁経」（*DN.* III. No.27「起世因本経」）、第一三巻「阿摩昼経」（*DN.* I. No.3）
4、『中阿含経』第三七巻「欝瘦歌邏経」（*MN.* II. No.96）、同「阿摂惒経」（*MN.* II. No.93）、第五九巻「一切智経」（*MN.* II. No.90「普棘刺林経」）

5、『雑阿含経』20「摩偸羅経」（*MN.* II. No.84）、42「明冥経」（*SN.* I.「拘薩羅相応」No.3-3-21「人」）、44「孫陀利経」（*SN.* I.「婆羅門相応」No.7-1-9「孫陀利経」）

これらの資料のうち、『雑阿含経』の「明冥経」と「孫陀利経」は『スッタニパータ』『ダンマパダ』と並んで古層に属し、極めて古い伝承を含んでいるとされている。但し、同じ『雑阿含経』でも「摩偸羅経」はパーリでは『中部』に配されていた経典で、説法場面も釈尊の滅後、弟子の摩訶迦旃延が法を説くという状況が設定されているから、これは比較的新しい層に属する経典である。したがって、これらの資料にはおのずから時代の幅があって、その間の発展過程を考慮する必要はあるが、内容的にはいずれの経典にも通じる一貫した思想が流れている。

たとえば、古層に属する『雑阿含経』「孫陀利経」と『スッタニパータ』3-4「孫陀利迦婆羅堕闍経」は同じ内容の経典だが、その偈文には「生まれを問うな、所行を問え」とある（大正1, p.320下：*Sn.* 462）。また、『スッタニパータ』「賤民経」及び「婆私吒経」では「生まれによって賤しい人となるのではない。生まれによって婆羅門となるのではない。行為によって賤しい人ともなり、行為によって婆羅門ともなる」（*Sn.* 136, 650）と説いている。さらに、『ダンマパダ』「婆羅門品」にも同趣旨の教説が説かれ、その内容は『長阿含経』「小縁経」や『雑阿含経』「摩偸羅経」にも受け継がれている。

そのうち『スッタニパータ』「賤民経」では、そうした行為論の具体的な事例として犬殺しの賤民であったマータンガ（摩登伽）という人物が紹介されている。彼は最下層の旃陀羅《せんだら》種の子であったが、塵汚れや貪欲を離れた大いなる道を登り梵天の世界に至り、そのことによって多くの刹帝利や婆羅門たちから奉仕され、得がたい最上の名誉を得たという。要するに、生まれや家柄には貴賤はないが、人間としての生き方には厳然と貴賤があると説くのである。そこには、高度な倫理的実践によって形成された人格とその独立性の重視、ひいては賤民階級の解放を促す思想的契機が孕まれているようにも思われる。とは言え、それは社会制度の変革を目指す階級闘争とは次元を異にする、言うなれば高度な倫理性の獲得を目指す精神闘争であったと理解しておく必要がある。

したがって、釈尊が「行為によって婆羅門となる」というときの「婆羅門」は、当然のことながら制度としての婆羅門ではない。『スッタニパータ』「婆私吒経」において、釈尊は婆羅門と呼ばれてしかるべき人の条件として「無一物であって執着のない人」「忍耐の力があり、心の猛き人」など二八項目(21)を挙げているが、これらはすべて倫理的実践課題であって、それらを達成した人格的価値をもって「婆羅門」としたのである。

実際、社会制度としての四姓の在り方に関しては、釈尊はその差別を認めている。「刹利・梵志（婆羅門）種、これ人間に於いて最上徳と為し、居士（毘舎）・工師（首陀羅）種、これ人間に於いて下徳と為す」（「一切智経」〈大正1、p.793下〉）あるいは「刹利生中に勝れ、種姓も亦純真」（「阿摩昼経」〈大正1、p.83中〉）などと説き、四姓のなかでも刹帝利・婆羅門種（とくに刹帝利）をもって最上としている。

　このように、釈尊は制度としての四姓差別は認めているが、しかしながら四姓を再生族と非再生族に分断するような婆羅門教的な人種的・民族的差別は厳しく排除している。『雑阿含経』「明冥経」では、人は身口意三業の善悪によって、冥（闇）から冥へ、冥から明へ、明から冥へ、明から明へと至るというように「四種の人有り」と説かれる（大正2、p.304下）。その際、釈尊は「冥の人」を「卑姓の家に生まれ、若しは旃陀羅の家、魚獵の家、竹作の家、車師の家、及び餘の種種下賤の工巧業の家に生まれ、貧窮短命にして形體憔悴して復た卑賤の業を修行し、亦復人に下賤に作使せらる」と具体的な事例を挙げて説いている。さらに「明の人」についても「富楽の家に生まれ、若しは刹利大姓、婆羅門大姓、長者大姓の家及び餘の種種富楽の家に生まるるに諸の銭財奴婢客使多く広く知識を集め、身を受くること端正聡明黠慧なる」と、これも具体的に説き示している。前者は、シュードラ（隷属民）及びカースト外のチャンダーラ

（旃陀羅種）などの最下層階層の人々を指し、後者は、刹帝利（クシャトリヤ）・婆羅門（バラモン）・毘舎（バイシャ）などの豊かな上層階層の人々を指している。

周知のように、婆羅門教では前者（冥の人）は救済の対象とされていなかった。彼らはヴェーダ聖典に触れることすら許されず、もし仮に聖典を盗み聴く者があれば、両耳を溶かした錫などで塞がれ、聖典を誦する者があれば舌を切られ、記憶する者があれば身体を二つに斬られるといった厳しい罰則が定められていた。[22]人間としての人格が認められていなかったのである。一方、後者（明の人）――バラモン・クシャトリヤ・バイシャの上位三階級の人は再生族と呼ばれて、彼ら三階級の人々のみが婆羅門教徒たり得たのである。[23]釈尊が区分する冥・明は、そのような婆羅門教的な差別相を追認したものであるが、そのうえで、冥・明いずれの人も、その人の善悪の行為によってその業果は「善趣にして天の化生を受くる（明の果報）」か「悪趣に生じて泥梨の中に堕す（冥の果報）」かの違いが生じてくると説く。そして、それぞれの因縁の在り様は「身壊命終して」とあるから、現世のみならず死後世をも含んだ応報観をもって、それは説かれている。

釈尊は、人間を含めて生きとし生けるものは全て業的存在であると説いた（*Sn.* 654）。『増支部』3-135「戦士品」では、釈尊は自身も過去・未来の諸仏と同様に業論者であるとして、次のように述べている。「いま応供・正等覚者である私も業論者であり、所作論者であり、精進論者である」（A.N. I, p.286）。また、『長部』5「究羅檀頭経」には「沙門瞿曇は業論者であり、所行論者であって、悪・不善を退けて、多くの婆羅門から重視されている」（D.N. I, p.132）とある。そして、そうした業報論に立って、身口意三業の理法は四姓いずれの人であっても等しく顕現するものであって、再生族・非再生族の差別はなく、救済の道は万人に開かれているとしたのである。

そもそも、古代インド社会にあっては、四姓制度を採らない国も少なからずあった。たとえば、 餘尼（ヨーナ）や剣浮（カンロージャ）の二国とその周辺諸国では、「大家（貴族）」と「奴（奴隷）」の二姓制度が採られ、しかも「大家奴となり、奴大家となる」というように相互交流が可能な制度であった（「阿摂恕経」〈大正 1、p.644 上〉）。釈尊は、このような事例を挙げ、決して婆羅門教的な階級思想がインド社会全体で共有されていたわけではないと教示している。一方、婆羅門内部の問題として、とくに異種姓との雑婚による血統の乱れが著しく、種姓を誇る伝統的基盤そのものが崩れていた。婆羅門は本来「他の（種姓の）女を娶らなかった」（Sn. 290）と釈尊は述べているが、それはとりもなおさず、釈尊在世の頃にはすでに異種姓婚が常態化していたことを物語っている。また、この時代には、強大な政治経済力を誇る利帝利灌頂王（灌頂を受けたクシャトリヤ王）が登場し、あるいは莫大な財力を駆使する長者の台頭もみられた。長者のなかには、一人の遊女にカーシー国の税収に匹敵する値段をつける大富豪もいたという（*Therig.* 25）。こうした社会的状況を背景に、クシャトリヤやバラモン、それにバイシャの再生族の人々は享楽と奢侈に心を奪われ、そのために「王族も、梵天の親族（婆羅門）も、並びに種姓の制度によって守られている他の人々も、生まれを誇る論議を捨てて、欲望に支配されるに至った」（*Sn.* 315）ことが指摘されている。

なればこそ、高度な倫理的実践を促す業報論は、当時の人々の心を確実に捉えていったのであろう。ただ、ここで注意しておきたいことは、業報論が輪廻思想と結び付けて語られるときの含意性である。もともと古代インドには、生死を繰り返す輪廻という世界観が伝統的にあった。それも、単に生死を繰り返すというのではなく、生まれてくる境涯は過去の行為＝業によって決定されるという業報思想と深く結びついた世界観・人生観として定着していた。四姓問題に絡めて言えば「この世で善行をなす者は婆羅門・刹帝利・毘舎のような好ましい胎に宿り、悪行をなす者は犬・豚・旃陀羅のような臭い胎に宿る」といった運命決定論的な考え方である。婆羅門種は梵天の口から生まれ、色が白く清浄であって（他の種姓は黒く不清浄）、世間の奉仕を一身に受ける尊い存在であるという、梵天の権威を支えとした婆羅門至上主義による人種的・民族的差別観を、業報思想と一体化した輪廻観が哲学的・宗教的に補強していたのである。

さて、問題は釈尊の説く因果律が輪廻思想を含んでいるのかどうかである。その辺りの実情を明確にしておかなければ、布教の現場にあって伝統的な運命論的業報観と混同して語られる恐れを多分に残してしまう。はたして、釈尊は輪廻思想を説いたのかどうか。この問題については、シャカ族の宿業に関する釈尊の教説を検証する際に考察を加えることにして（第四章『種族滅亡と宿業論』）、ここでは、いま検討対象にしている古層に属する経典群に即して論を進める。

先に引用した『スッタニパータ』の「婆私吒経」では、バーラドヴァージャー（婆羅婆）という婆羅門青年が「父母ともに生まれがよく、純血の母胎に宿り、七世の祖先に至るまで血統に乱れがない」ことをもって婆羅門の条件に挙げたことに対して、もう一人のヴァーセッタ（婆私吒）という婆羅門青年は「生まれによるのではなく、戒律を守り徳行を具える」ことによって婆羅門になると主張している。互いに相手を説得するだけの根拠を提示できなかったので、釈尊に教えを乞うことになる。婆羅門のなかにもヴァーセッタ青年のように業報思想の立場をとる者も少なからず存在したのだろうが、彼らの論議からすれば、自らの属する婆羅門を至上とする四姓差別を前提にしている以上、ヴァーセッタ青年の主張する業報観にしたところで、それは上述したような伝統的な輪廻思想と一体化したものであったと思われる。

釈尊は、彼らの論議を無視するように、四姓制度そのものの内実を問い直す。バラモンであれシュードラであれ、それらは単なる名称（職務）に過ぎず、そこには何らの差別も存在しないことを説き、その後に、婆羅門と呼ばれるべき人の条件として二八項目の倫理的な実践課題を挙げたのである。つまり、釈尊の因果律からすれば、婆羅門種に生まれたことを善行の果報とするのではなく、善行を積み続けるという生き方そのものを指して婆羅門としたのである。となれば、四姓の差異は関係なく、人はすべて平等に婆羅門と呼ばれてしかるべき人になり得る。婆羅門とは、したがって、万人に開かれた存在であり、釈尊の言う「行為によって、賤しい人にも、婆羅門にもなる」とは、そうした意味での生き方の貴賤を教えたものであった。

経典では、しばしば「沙門・婆羅門（梵志）」と併記され、婆羅門は道を実践する修行者として沙門と同義的に扱われている。そして、彼らが実践すべき修行道を、釈尊は「聖なる出世間法」として説いている（*MN*. II, p.181）。つまり、出家して如来所説の法と律に従い、殺生を離れ、不与取を離れ、非梵行を離れ、妄語を離れ、両舌を離れ、麤悪語を離れ、戯語を離れ、貪欲なく、瞋恚心なく正見ならば、正理、善法の成就者となるとされる。漢訳では、これを「

息止の法・滅訖の法・覚道の法・善趣の法」と表現している（「欝瘦歌邏経」〈大正1、p.662下〉）。他の経典では、「五断支」「七覚支（意）」「十善行」などと説かれ、実践すべき項目には多少の違いはあるが、いずれの経典でも、出家して比丘となった者は何人も「法によって、非法によらざる限り」等しく解脱に達し得るとされている（D.N. III, p.97）。つまり、種々に説かれる倫理的実践課題も、それは釈尊の説く法に根源を置くものでなければならず、したがって四姓平等の実現は終局的には釈尊のサンガにおいてこそ可能となるという構想のもとに説かれたものであった。

2 「沙門釈子」の二重性

釈尊のサンガ（僧伽）は、再生族であれ非再生族であれ、すべての人々に平等に教法を開いていた。出家前の家柄や家系などすべての世俗的な条件を捨て去り、一人の出家修行者として釈尊の前に立つのである。先のバーラドヴァージャとヴァーセッタの二人の婆羅門青年は、後に釈尊に帰伏し、サンガに身を置いて仏道を修習することになるが、彼らは諸の婆羅門から「高貴の階級を捨てて賎しい黒冥の者と親しむ」と非難・罵倒され、「何故に清浄の種を捨てて彼の瞿曇（釈尊）の異法中に入るや」等と譴責《けんせき》されている。それに対して釈尊は、先に挙げたような業報論を基に「無上正真の道中には種姓を須《もち》ひず」と四姓による差別を無化し、そのうえで、「汝は誰の種姓か」と問われれば、「沙門釈種の子なり」と答えるように教えている。「我等は世尊の真正なる子なり。彼の口より生まれ、法より生じ、法によって造られ、法の後継者なり」（*DN.* III, p.84）と。つまり、出身種族が何であれ、釈尊のサンガに参入したものはすべからくシャカ族出身の釈尊の子であり、且つ釈尊の法を継ぐ法嗣であることを自任すべきであると教えている。つまり、釈尊の教団とは、シャカ族のブッダが説く教え・法を信奉する沙門たちの集団であり、同時にシャカ族出身の釈尊の子であるという血縁意識をも併せ持った集団であった。

実際、釈尊の弟子になった者は「ブッダの実子」（*Therag.* 173）、「ブッダの実の娘」（*Therig.* 46）などと名乗っている。そして、彼らが信奉する法は「沙門釈種子の法」と記されている（*AN.* I, pp.185-188）。また、釈尊その人は弟子たちから「真にシャキャ（釈迦）という名で呼ばれてよい聖者」（*Therag.* 536）、つまりシャカムニ（釈迦牟尼）と称され、また、ゴータマ・ブッダ（ゴータマ姓のブッダ）とも呼ばれている（*Therag.* 91）。

このように個人名や種族名を冠した沙門集団は例外的であって、釈尊と同時代の沙門宗教のなかでも独立排除的である。例えばジャイナ教徒はニガンタ（束縛を脱した者）と呼ばれた。

また、経典に「邪命外道」として登場する裸形の沙門たちは総じてアージーヴィカ教徒（厳格な生活によって活命する者）と称され、「順世外道」として登場する沙門たちは唯物論、快楽主義を唱えたが、彼らはロカーヤタ（世間に順じる者）と呼ばれた。このように他の沙門宗教にあっては、それぞれの教団は一般的・普遍的な名称で呼ばれていた。

さて、釈尊のサンガにあっては、バラモン・クシャトリヤ・バイシャ・シュードラの四姓はもとより、カースト外のチャンダーラも含めて、すべての出家修行者は「沙門釈種子」として同化され、等しく無怨、無瞋、慈心を修習して解脱・涅槃の道に入ることが約束された（*MN*. II, p.182「欝瘦歌邏経」〈大正1, p.662下〉）。教団の制度としても、その平等性は確保されていた。出家後の修行過程の進展、悟りの浅深など個人差はあっても、教団の秩序は、唯一、具足戒を受けてからの年数、つまり法臘《ほうろう》によってのみ保たれていた。[24]

仏教サンガはしばしば大海に譬えられ、その特質は「八未曾有法」として説かれている。[25] その一つに「同一鹹味《かんみ》」が挙げられているが、パーリ律の「遮説戒犍度」には次のように記されている。

「世間には次のような大河がある。すなわち恒河（ガンガー）、夜摩那（ヤムナー）、阿夷羅跋提（アチラヴァッティー）、舎労浮（サラブー）、摩企（マヒー）等の大河である。しかしこれらの大河も、大海に到達すれば、前の名前を棄てて、ただ大海とのみ号する。それと同様に、世間には刹帝利（クシャトリヤ）・婆羅門（バラモン）・毘舎（バイシャ）・首陀羅（シュードラ）の四姓があるが、彼らが如来所説の法と律において、家を捨てて出家すれば、前の名姓を捨てて、ただ沙門釈種子とのみ号する」（*Vinaya* II, pp.238-240）。

釈尊の弟子となった出家修行者たちは、出身階層が何であれ、自ら「沙門釈種子」を名乗り、平等に開示された解脱・涅槃の道を証得することを目指した。つまり、釈尊と弟子たちの師弟関係は、法を継ぐ「法嗣」であると同時に、「釈種子」として釈尊と同じシャカ族の子であるという血縁的紐帯によっても結ばれるとしたのである。

この「沙門釈種子」という地位は四姓を越えた最上の存在であって、バラモンをはじめすべての人々が来たって恭敬禮拝する。その例証として、釈尊はコーサラ国のパセーナディ王の篤い信仰心を挙げている。パセーナディ王は、釈尊の種姓が「最上のシャカ族」であると知っているが、王が釈尊を恭敬禮拝するのは、それ故ではない。釈尊の説く法が「現世でも未来世でも、人類の最上のもの」であるからであった（*DN.* III, p.83）。この辺りの事情を、先にも紹介した漢訳資料には次のように記されている。「彼（波斯匿王）は念じて『沙門瞿曇（釈尊）は豪族に出ずるに、我が姓は卑下、沙門瞿曇は大財富、大威徳の家に出ずるに、我は下窮鄙陋の小家に生まるる故に、如来に供養礼敬を致すと言わざるなり』と。波斯匿王は法に於いて法を観じ、真偽を明識するが故に浄信を生じ、如来に敬を致すのみなり」(「小縁経」〈大正1、p.37中〉)。

専制的君主国家の王が、自身の種姓に関してこれほど謙虚に語ったとは考え難いが、このように釈尊の種姓の高貴性が謳われているところからすれば、「法嗣」であると同時に「釈種子」を名乗る弟子たちの共通認識としてサンガ内でも定着していたのであろう。思うに、こうしたシャカ族とコーサラ国の間における尊卑の対比的な位置づけは、異種姓の雑婚を不浄とするシャカ族の種族意識に拠ったものに違いないのだが、釈尊はそれを容認したうえで、シャカ族の系譜の至上性という世俗的権威を否定的媒介として、如来の法の偉大さを示す例証としている。

3　教団内におけるシャカ族の位置

釈尊教団の形成史を追えば、釈尊が成道して後、五比丘の帰依によってサンガが成立し、その後、迦葉(カッサパ)三兄弟や舎利弗・目連がそれぞれ一〇〇〇人、二五〇人の弟子たちを率いて入団したことによって、釈尊の教団は一挙に大比丘サンガへと発展する。[26]つまり、釈尊のサンガは、異教徒(外道)の転向、帰伏・改宗によって拡大され、基盤が築かれた。シャカ族出身の出家者たちも、彼ら先達者を和尚として出家・受戒し、以降は共住しながら修行に励んだ。この和尚と弟子の関係は、実の父子のように生涯不変とされる。ここに言う和尚と弟子の関係は権利・義務ともに全く平等で、極めて民主的に構成されていた。和尚も弟子も、ともに「沙門釈種子」として同等の立場に置かれていたのである。[27] このように、制度のうえからも平等性が担保された釈尊のサンガであったが、それはそれとして、教団内におけるシャカ族の位置には特別なものがあり、仏教教団が字義通り「シャカ族出身の沙門たち」の宗教としての一面を本来的に具えていたことも見逃せない。

経典によれば、釈尊の帰郷を機に、多くのシャカ族の子弟が一挙に出家したという。その出家者数は「五百釈種出家与具戒」（『根本有部律』「破僧事」〈大正24、p.144中〉）、「釈種五百人出家」（「衆許摩訶帝経」〈大正3, p.973下〉）などと記されている。この「五百」という数字は象徴的な表現であって、シャカ族出身者が大挙してサンガに参入した様子を反映している。

釈尊が帰郷した際、父王の真浄王（浄飯王）が「諸有兄弟二人、當取一人作道。其不爾者、當重讁罰」と王命を発したことが伝えられている（『増一阿含経』〈大正2、p.623下〉）。兄弟二人いれば、そのうちの一人は出家せよ。そのようにしない者は、重罰を科す——つまり、国王の命令によって、シャカ族の男子の半数は出家を命じられたのである。さらに、姨母のマハーパジャーパティー・ゴータミー（摩訶波闍波提）が五〇〇人の釈女と共に出家し、比丘尼僧団が形成されたと伝えられているから、シャカ族の女性たちもまた、その多くが出家したのであろう。[28]今日、シャカ族の出家者のうち、個人名が残されているのは、在家信徒も含めて言えば、比丘四一人、比丘尼二〇人、優婆塞九人、優婆夷三人である。[29]経典資料を総合して考えれば、シャカ族は実質的には仏教教団に吸収されていったのであって、初期の教団にあっては、シャカ族出身の出家修行者たちが隠然たる勢力を保持していたことは間違いないであろう。

以下、釈尊の教団におけるシャカ族出身の沙門たちの位置づけに関して、特記すべき事例を挙げて、少々検討を加えておきたい。

Ⅰ）受戒規定にみるシャカ族の「特典」

端的な例が、入団に際しての受戒規定である。釈尊の教法は万人に開かれていた。しかし実際にはサンガへの加入時に資格審査を行い、授戒を拒否する場合もあった。この規制は「遮法」と呼ばれ、約20の事項が定められていた。[30]そのなかに、「外道別住」という遮法がある。これは、すでに出家して他の沙門教団で活動していた者、つまり「もと外道」の者には、四か月間のパリヴァーサ（波利婆沙）という別住期間を設け、この期間における言動を観察し、それを審査したうえで入団の可否を決定するというものであった。

ただし、『パーリ律』と『根本有部律』にあっては、「もと外道」の者でも、シャカ族の場合はこの「遮法」の規制が免除されるという特典が与えられている[31]。まず、パーリ律によれば「事火教徒、螺髻梵志」および「シャカ族に生まれて旧外道であった者」は、別住を与えることなく、具足戒を授けてよいとされている（*Vinaya* I, pp.69-71）。このうち、事火教徒・螺髻梵志とあるのは、釈尊がウルヴェーラの地で帰依させた三迦葉のグループを指している[32]。その理由として、事火教徒・螺髻梵志の場合は、彼らが「業を説き、所作を説く」からであとその根拠が示されているが、シャカ族生まれの外道の場合は、ただ「我、親族に此の不共の特典を与える」とあり、特に根拠は示されず、ただシャカ族生まれであるというだけでこの特典が与えられている。

また、『根本有部律』には、次のような規定が設けられている。

「若有釈子。持外道服来求出家、及近円者。如此応度。成苾蒭性。除斯釈種。自余外道、皆応四月共住」（「出家事」〈大正 23、p.1031 下〉）
――もし釈子であれば、外道の服を持していても、出家・受戒を求めてきた場合は、求めに応じて出家・受戒を許す。釈種を除く、他の外道の者は、皆四か月の共住を与える。（ここでは「共住」とあるが、出家・受戒の可否を審査するための観察期間を設けるという意味では、「別住」と同じ措置であろう）

「除釈迦種及事火留髻外道。此我親有機縁故。其事火人説業用。有因有縁有策励果故」（「雑事」〈大正24、p.398下〉）

——（「別住」の規定から）釈迦種及び事火留髻の外道は除く。我（釈尊）に親しい機縁がある故である。事火人は業を説き用い、業の因・縁・策励の効果を信じている故である。

「諸外道中除釈迦種及事火人。自余外道四月共住」（「根本薩婆多部律摂」〈大正24、p.598上〉）

——諸の外道の中で、釈迦種及び事火人を除き、それ以外の外道は四か月の共住。

このように、『根本有部律』の免除規定でも『パーリ律』と同様、シャカ族出身の「もと外道」および事火教徒・螺髻梵志には「四月別住」を与えることなく、出家・受戒を許している。

ここで火教徒・螺髻梵志の迦葉三兄弟のグループがシャカ族とともに免除の対象に挙げられ

ているのは、彼らが仏教の基本的な教えである業思想を共有していたからだとする理由が挙げられているのだが、それにしても同じ「もと外道」であっても、教団への貢献度からすれば圧倒的に優位に立つ舎利弗・目連のグループを差し置いて特別扱いしている背景には何か隠された事情があったのかもしれない。これは教団の形成史的展開の問題と相俟って、別途検討されなければならない。

ともあれ、シャカ族には釈尊の親族であるという理由で「不共の特典」が与えられ、外道別住という入団に際しての規制は免除されていた。具足戒の全体からすれば、この規定は末梢部分の補足的なものかもしれない。しかし、少なくとも律の規定においてシャカ族の特権性が担保されていることからして、釈尊教団におけるシャカ族の位置付けには特別なものがあったと考えるのが自然であろう。

Ⅱ）チャンナの不善行と梵罰

シャカ族出身の比丘の一人にチャンナ（闡陀）という長老がいた。[33] 彼は教団内で摩擦を起こすことが多かったようで、コーサンビーにおいて制定された律条の制戒因縁にもしばしば登場する。そのなかに次のような彼の発言が記録されている。

「仏はこれ我等のものなり、法はこれ我等のものなり、我らの聖主、法を得たるなり。譬えば大風吹きて草葉樹片の穢物を一処に挙ぐるが如く、また譬えば諸川が山上草木の青葉を一処にあぐるが如く、かくの如く汝らは種々の姓、種々の生、種々の家より出家して一処に挙げらる、なり」（*Vinaya* III, pp.177-178）。

これは、不善行をなしたとして諸比丘から指弾されたチャンナが、「我に向かって何を教えようとするのか、我こそ汝らに教えるべきである」と、その忠告を退けたときの彼の言い分である。それにしても、シャカ族以外の比丘たちを「草葉樹片の穢物」に例えるなどは、論外という他はない。まるでサンガの平等性を謳いあげた「八未曾有法」における諸河川と大海の例えを逆撫でするような暴言であろう。チャンナの言動は、シャカ族出身の比丘たちの教団内における傍若無人ぶりを象徴しているようだが、彼の非法な言動は他にも数多く記録されている。(34)

チャンナは釈尊の太子時代の御者であった。出城時にも御者を勤め、釈尊の出家を助けたという（*Dhp-A.* III, p.195）。チャンナにしてみれば、そのことによって仏の成道があり、多くの仏弟子たちの悟道も可能になったのではないか――そんな思い込みがあったのだろう。「自分は聖なる子（悉達多太子＝釈尊）と共に城を出たが、そのときは自分の他に誰もいなかった。ところが今や、舎利弗や目連は自分たちが最高の弟子だと言って吹聴している」と、舎利弗や目連に対しても批判的で、釈尊に近しいことを笠に着て、終始傲慢な態度で接した様子が伝えられている（*Dhp-A.* II, p.110）。

チャンナは、釈尊の度々の教誡にも耳を傾けず、ついに釈尊は入滅に際して、梵罰という重罪に科すよう遺言しているが、その罪科について、釈尊はこう説示している（*DN.* 16, p.154）。

――チャンナ比丘は、自分の欲することは何を言ってもよい。しかし、比丘たちは、彼に話しかけてはならないし、教誡や訓誡をしてはならない。

要するに、これは〝教団内追放〟とでも言うべき処罰であったのだろう。婬、盗、断人命、大妄語の四条を犯せば波羅夷罪に問われ、「沙門に非ず、釈子に非ず」と宣せられ教団から追放される（*Vinaya* III, pp.11-109）。チャンナの場合は、教団内に囲い込んだまま、その存在を無関心という壁で遮断し、完全に孤立させるという罰則に問われたのである。つまり、サンガの総意によって行われる羯磨の対象にはならない、規定外の罪罰であった。

Ⅲ）舎利弗・目連とシャカ族　舎利弗・目連と言えば、釈尊教団の双璧をなす二大弟子であって、しかも釈尊が全幅の信頼を寄せていたこと、これは教団史上、一貫していて変わっていない。しかし、ただ一度だけ、釈尊と舎利弗・目連の間に決定的とも言える亀裂が生じかけたことがある。その顛末が、『中部』「車頭聚落経」に記録されている（*MN.* I, p.456）。これに対応する漢訳経典には、『増一阿含経』45-2（大正2、p.770下）があり、『舎利弗摩訶目連遊四衢経』（大正2、p.860上）にも、ほぼ同じ内容の記事が載せられている。以下、概要を記す。

——釈尊がシャカ族の都邑チャートゥーマのアーマーラキ樹園に滞在していたとき、舎利弗と目連を上首とする五〇〇人の比丘たちが、釈尊に目通りを求めてやってきた。彼ら「客来の比丘」たちは「居住の比丘」たちと挨拶を交わしたのだが、その様子が音声高大であまりにも騒がしかったので、釈尊は舎利弗・目連を上首とする五〇〇人の比丘たちを呼び、「行け、予は汝達を去らしむ。汝達予の前に在る勿れ」と命じ、退去させてしまった。そのとき、たまたまチャートゥーマの会議所に集まっていたシャカ族が、追い返されて行く舎利弗や目連から事情を聞き、釈尊の短慮を嗜《たしな》める。「比丘衆は世尊に会って歓喜する。世尊もまた比丘衆を歓び迎えるべきである」と。そして、重ねて「世尊よ、世尊によりて前に比丘衆が摂せられたるが如く、その如く、今もまた比丘衆を摂せられたし」と進言し、これには娑婆主の梵天も同調する。「このまま去らせてしまえば、釈尊に親しく目通りができなかった新入の比丘たちは疑いを起こし、異心・変心して釈尊の元を離れるかも知れない」という憂慮もあった。シャカ族の進言を受け入れた釈尊は心を和らげ、舎利弗・目連を呼び戻し、次のように問う。

「私が比丘僧伽を去らしめたとき、あなたたちはどのように考えたか」

舎利弗が答えて言う。

「世尊は今、心静に現法楽住に住されるのであろう。我等も亦、今心静に現法楽住に住しようと考えました」

これに対して世尊は「待て、そのような心を再び起こすな」と訓戒された。

一方、目連は、次のように答えた。

「世尊は今、静に現法楽住に住されるのであろう。今は、私と舎利弗が比丘僧伽を擁護しようと考えました」

世尊は、この目連の答えに対して「善哉、善哉。実に私か、あるいは舎利弗と目連が比丘僧伽を擁護すべきである」と称賛された。

ここでは釈尊が、諸国遍歴を終えてやって来た舎利弗と目連を上首とする五〇〇人の比丘たちを、騒々しくしたという理由で追い返している。もっとも、客来比丘である彼らと在住比丘たちの間で何があったのかは不明である。交歓の度が過ぎたといった程度の騒がしさであれば、一言二言注意すれば済む。あるいは、定められた作法をめぐって双方の意見が対立し、互いに大声で主張し合い、罵り合ったのかも知れない。客来比丘と在住比丘にはそれぞれ作法が定められていて、それを守らない場合は「破僧（saṃghabhedo）」ではないが「僧不和合（saṃgharāji）」であるとされる。(35) 言うまでもなく、サンガは和合を第一とする。不和が生じた場合、それが同一サンガ内であれ、異なったサンガ間であれ、釈尊は「六和敬法」や「十和敬法」などの教説に見られるように、懇切に諫告したうえで双方に翻意を促している。(36) にもかかわらず、ここでは舎利弗や目連が率いる比丘たちを一方的に追い返している。

このような怒りの感情をあらわにする釈尊も希だが、それ以上に、釈尊の短慮を在家のシャカ族が嗜めるという構図もまた希なことであろう。その遣り取りからは、師弟関係とは別の、いわゆる同種族の〝身内〟意識が見せる内々の親密さすら伝わってくる。釈尊とシャカ族の一体感に比して、舎利弗・目連との距離が相当に遠いことが窺い知れる。そこで注目しておきたいのは、退去を命じられたときの心境を語った目連の言葉とそれを称賛した釈尊の応答である。

目連は言っている。釈尊が静に現法楽住に住されている今、自分と舎利弗が比丘サンガを擁護しよう、と。この場合、目連と舎利弗が擁護（pariharati）しようとした比丘サンガとは一体どのようなサンガを指しているのかは必ずしも明確ではない。もしそれが、「舎利弗と目連を上首とする比丘僧伽」、つまり彼らが率いる単体の現前サンガを指しているのであれば、これは全く問題にする必要はない。しかし、それがもし釈尊の教団全体を意味するような、いわゆる四方サンガを指すとすれば、これは釈尊に代わって自分たちが仏教教団の全体を擁護するという決意表明になり、事は極めて重大である。(37)

漢訳では、目連の発言は「我等還収集之令不分散」（大正2、p.770下）となっている。この文意からすれば、在住比丘との間の対立を収拾し、和合を図ることを表明している。つまり、釈尊が滞在していたチャートゥーマのアーマーラキ樹園にサンガを構成する在住比丘たちとの間で起こった「僧不和合」を、釈尊に代わって自分たちの手で解消するとしている。

釈尊はこれに対して「善哉、善哉」と全面的に賛意を表して「私か、あるいは舎利弗と目連が比丘僧伽を擁護すべきである」と応じている。この箇所に対応する漢訳は「衆中之標首、唯吾与汝等二人耳。自今已往目乾連当教誨諸後学比丘」（同前）である。「衆中之標首」とは教団の代表者と解していいのだろう。その立場にあるのは「ただ私（釈尊）か汝ら二人のみ」である。目連よ、今から行って後学の比丘たちを教誨しなさい、と命じている。この場合の「比丘僧伽」は明らかに仏教教団全体を指していると思われる。

実を言えば、仏教史上、最大の悪人とされる提婆達多が起こした破僧事件において、提婆が釈尊に教団の委譲を要求し、それを拒絶された場面における遣り取りがこれに酷似している。パーリ律の『大品』「破僧犍度」から関連する箇所を引用する（*Vinaya* II, p.188）。

「今や世尊は老い、年寄り、高齢となり、晩年に達し、衰えられた。今や静に現法楽住に住して、比丘僧伽を自分に委譲して下さい。自分が比丘僧伽を擁護しましょう」

堤婆達多は、このような要求を三度にわたって釈尊に突きつけた。そこで、釈尊は「堤婆達多よ、私は舎利弗・目連にすら比丘僧伽を委譲することはない。どうして汝のような唾を食らう卑しい者に委譲することがあろうか」と拒絶したとされている。

釈尊は、堤婆達多を「唾を食らう卑しいもの」と怒りを込めて断じている。これは、阿闍世王の歓心を買うために身を摺り寄せていった堤婆達多の卑しい心根を断じたものだが、この釈尊の怒りの言葉が「第一の嫌恨」となって、堤婆達多の破僧事件は惹き起こされる。

もとより、経緯も動機も全く異なるが、目連の場合も堤婆達多と同様に、釈尊に安楽に暮らすことを勧めて、代わりに自分が仏教教団を擁護する立場に立とうとしたことが、全く同じ類型的な表現を用いて記録されている。

しかも、堤婆達多が釈尊の怒りの言葉によって破僧に走ったように、ここでも釈尊の怒りの感情によって、離反者が出ることが憂慮されている。舎利弗や目連に率いられた五〇〇人の弟子の中から釈尊への「異心・変心」を起こす者が出るとなれば、これは教団にとって破僧事件にも繋がりかねない重大事であった。だから、釈尊は二人に対して、比丘サンガの指導権を共有することまで持ち出して宥《なだ》めなければならなかったのであろう。

しかし、提婆達多の要求を拒絶するに際して、釈尊は「舎利弗・目連にすら委譲することはない」と明言していることを考え合わせれば、ここでの発言は、舎利弗と目連を懐柔するための政治色の強い発言であったと解される。それもシャカ族の助言があったうえでのことであってみれば、舎利弗・目連の位置は教団の諸活動を支える組織的な意味で中心にあったとしても、それとは別に釈尊とシャカ族を結ぶ種族の紐帯がより深いところで機能していたことが窺える。つまりは、釈尊の教団における「法嗣」と「釈子」の二重性の問題が、このエピソードからも浮かび上がってくるのである。

Ⅳ）小結　出家前の種姓や家柄を一切捨て去り、すべからく「沙門釈子」を名乗った釈尊の教団である。この平等性に則れば、文字通りシャカ族出身の出家者もまた自身の出自を一旦捨て去り、改めて「沙門釈子」という宗教的自覚に基づいた自己認識を獲得しなければならないはずだが、そうした意識変革を促す教説は全く見られないし、また弟子たちの努力の痕跡も記録されていない。釈尊の教団にはシャカ族の親族意識がごく普通に働いていた。

ここに挙げた三事例は、それぞれ教団の発展史の中の一断面に過ぎないが、律の規定にあっても、教団の風土にあっても、シャカ族が隠然たる勢力をもっていたことを反映している。釈尊の仏教は仏も法も「シャカ族のもの」であって、出自を異にする他の出家者たちはシャカ族に准じ、倣うべきであるという気風が教団内に浸透していたのであろう。それが、教団を代表する二大弟子と称された舎利弗や目連、それに彼らと同格かそれ以上の重要な位置にあった摩訶迦葉に対する対抗意識を先鋭化させていった。

もとより、そうした対抗意識を表面化させ摩擦を引き起こしたのは、チャンナのような一部の過激派であったが、他には堤婆達多の伴党と呼ばれた比丘（尼）たちにも、その傾向が顕著に見られた。たとえば、コーカーリカ（拘婆離）や尼僧のトゥッラナンダー（偸羅難陀）などがその代表格である。彼（女）らは舎利弗や目連、摩訶迦葉に対して敵愾心をあからさまにし、ことあるごとに非難・中傷を浴びせている[38]。

釈尊は、その都度、厳しく処しているが、そうした親族意識を一方では積極的に認め、教団の維持・発展のために巧みに活用している。本書で扱うシャカ族滅亡の伝承は、初期の教団が直面した最大の危機の一つと言っていいと思うが、その要因は紛れもなくシャカ族の親族意識そのものにあったという認識が、教団内でも広く定着していたのであろう。

【註】

（1）一八九八年にピプラーワーで発見されたストゥーパから「これはシャカ族の仏・世尊の遺骨の壷であって、スキティの兄弟・姉妹、妻子たちが奉祀したものである」と読める碑文が刻まれた壷が出土した。このスキティ（Sukiti：サンスクリット語でSukirti）には「良き名声をもてる」「誉ある」という意味があるが、それが固有名詞化して、シャカ族の名声のある者、誉ある者、つまりマハーナーマを指すと解されている（杉本卓洲『仏塔崇拝の源流と展開』東北大・博士論文〈pp.345-351〉参照）。

（2）『スッタニパータ』（422）には、シャカ族について「雪山の中腹に正直な一つの民族がいる。昔からコーサラ国の住民であり、富と勇気を具えている」とある。また、パーリ『長部』「起世因本経」には「シャカ族の王はパセーナディ王に仕えるが、パセーナディ王はシャカ族出身の如来に敬事する」とある（*DN.* III, pp.83-84：『長阿含経』「小縁経」〈大正1、p.37中〉、『中阿含経』154「婆羅婆堂経」〈大正1、p.674中〉）。

（3）中村元選集5巻『インド古代史（上）』（pp.85-93）参照。

（4）『ジャータカ』（*J.* IV, pp.145-146）および『ダンマパダ・アッタカター』（*Dhp-A.* I, p.359）に、ほぼ同じ内容の経緯が記されている。

（5）『ジャータカ』（*J.* IV, p.148）。

（6）水野弘元『釈尊の生涯』春秋社、1985年（p.230）。なお、森章司の研究によれば、漢訳とパーリの経蔵・律蔵の中で釈尊の説法の場が明示されたものは七二八九経あり、そのうちコーサラ国を舞台にするものが五〇〇七経で六八・七％。これに対し、竹林精舎や霊鷲山などを含む王舎城を舞台にしたものは一〇二三経で一四・〇％に過ぎないという（『原始仏教聖典資料による釈尊伝の研究』文書6「コーサラ国波斯匿王と仏教」〈p.1〉）。

（7）註6「コーサラ国波斯匿王と仏教」（p.10）参照。

（8）東洋文庫『ミリンダ王の問い2』中村元・早島鏡正訳、平凡社、1964年（pp.157-160）参照。

（9）釈尊は法を説くに際して、断固たる態度で臨んでいる。成道後、梵天の懇請を受けた釈尊は説法（布教）を決断して、次のような偈を説いた。

甘露の門は開かれた

耳ある者は聞け

己が信仰を捨てよ
梵天よ、人々（の心）を害せんかと思い
私は、微妙な真理の法を説かなかった

この偈はパーリ律『大品』「大犍度」（*Vinaya* I, p.7）及び『相応部』の有偈篇「梵天相応」（SN. I, p.138）にほぼ同文で記されている。傍線を引いた偈句に見られるように、釈尊が法を説くということは「己が信仰を捨てよ」と人々に迫ることでもあった。それがどれほどの害を人々の心に与え、摩擦を生むかを憂慮したために、これまで法を説かなかったと、釈尊は言っている。それほどの激しさをもって、釈尊は弘教に向かったということであろう。ところが、これに対応する漢訳では「如来開法門　聞者得篤信」（『増一阿含経』10〈大正2、p.593中〉）となっている。また『大智度論』には「我今開甘露味門　若有信者得歓喜」（大正25、p.63中）とある。このように、漢訳資料では、釈尊の説法を聞き、人々は素直に「篤信」し、「歓喜」を得たように表現されている。この表現の変化について、中村元は「後世に仏教教団の威信が確立すると、信仰を強調することが必要となったのであろう」とし、したがって「信仰を捨てよ」と説くパーリ資料は「最初期の思想を伝えていることは間違いない」としている（岩波文庫『悪魔との対話』１９８６年、註IV. 1-13, p.326）。

（10）王園精舎の寄進については、『ジャータカ』に王園精舎は祇園精舎の近くにあって、パセーナディ王が建てたと記されている（*J*. II, p.15）。また、『ダンマパダ』の注釈書にも、王所有の土地を比丘尼のために寄進したとある（*Dhp-A*. II, p.49）。ただ、『五分律』「比丘尼僧残7」では、マッリカー夫人の寄進となっている（大正22、p.80中）。さらに、『ジャータカ』には、パセーナディ王が「仏教教団に絶大な布施を行った」（*J*. III, p.469）、「較べるべきものがないほどの布施を行ったが、それで満足しなかった」（*J*. IV, p.401）などと記されている。

（11）五儀飾とは、剣・蓋・華鬘・珠柄の拂（ほつ）・厳飾の屣（くつ）を言う（『中阿含経』「法荘厳経」〈大正1、p.795下〉）。パーリでは、「宝剣」と「王冠」を挙げている（*MN*. II, p.118）。漢パ両資料とも、パセーナディ王は釈尊との会見に臨んで、この王権の象徴である五儀飾、または宝剣と王冠をカーラーヤナ将軍に「授与」したとしている。単に「預けた」という意味合いではないところからすれば、パセーナディ王が国王の有する権威や権能を自らカーラーヤナ将軍に与えたことになるのかもしれない。漢訳では「彼盡く脱ぎ已り長作に授与しぬ」と記されている。

（12）前出『釈尊伝の研究』研究ノート8「釈迦族滅亡年の推定」〈p.196〉参照。

（13）パーリ律「破僧犍度」（*Vinaya* II, p.190）。律蔵では他に、『四分律』「僧残10」（大正22、p.592

中）、『五分律』「僧残10」（大正22、p.19上）、『十誦律』「調達事」（大正23、p.260下）、『根本有部律』「破僧事」（大正24,pp.184下-191中）。また、阿含・ニカーヤでは『増一阿含経』17-11（大正2、p.586下）、同18-5（大正2、p.590上）、同49-9（大正2、p.803中）に記されている。

（14）前出『釈尊伝の研究』論文11「提婆達多（Devadatta）の研究（pp.99-101）参照。

（15）『増支部』「拘薩羅2」（A.N. V, p.65）。

（16）土田龍太郎「釈迦族の系譜」『日本仏教学会年報50』（pp.101-111）、同「釈迦族の王位継承」『仏教文化20（23）』（pp.1-18）を参照。

（17）伝承によれば、オッカーカ（聲摩王）の長女ピヤーはらい病を患い、森に捨てられる。その先で、同じらい病のバーナーラシー（ベナレス）の王子ラーマーと出会い、結婚する。二人の病は治癒し、その地で子を産み育てて、コーリヤ族の祖となる。シャカ族とは、ローヒニー河を隔てて東隣にあり、濃密な婚姻関係によって、ほとんど一体化していた（中村元『ゴータマ・ブッダI』選集〈決定版〉11〈pp.45-47〉参照）。

（18）アンバッタの姓をパーリでは「黒い（賎しい）」を意味するカンハーヤナ（Kaṇhāyana）とするが、漢訳では「聲王」とする。聲王とは婆羅門の書生（年少者）を指す摩納（māṇava）の一属性を表す姓とされ、パーリとは字義が異なる（『国訳一切経巻第13』の語註〈p.285〉参照）。

しかし、漢パ両資料ともカンハーヤナ（聲王）を聲摩王が下婢に産ませた子とする。ただ、漢訳では「婆羅門種は遂に聲王を以て姓と為す」とするが、これには論旨の飛躍がみられる。婆羅門種はもともと存在しており、一人の摩納であるアンバッタの姓が聲王ではあっても、婆羅門種全体の姓が聲王と言うわけではない。

（19）シャカ族がローヒニー河の水利権をめぐってコーリヤ族と争ったとき、コーリヤ族の人々がシャカ族のことを「犬や野干のように自分の妹たちと結婚した者の子孫」と罵ったという（*Dhp-A*. III, p.254, *J*. V, pp.412-413）。兄弟姉妹間の近親婚は、当時のインド社会にあっても非難されていたようである。漢訳が、叔母と甥、叔父と姪という三親等間の結婚が行われたとするのは、そうした非難を意識してのことであったのかもしれない。ただし、同じ漢訳でも、『根本有部律』「破僧事」では「四人の兄弟が各自妹を相互に娶り」（大正 24, p.104 中 - 下）と記されている。ここはやはり、パーリ資料が伝えるように、シャカ族は兄弟姉妹の近親婚による血統の純潔性を誇りにした種族であることが広く定着していたと考えるべきであろう。

（20）藤田宏達「原始仏教における四姓平等」（『印度学仏教学研究2（1）』〈pp.55-61〉）参照。

（21）婆羅門と呼ばれてしかるべき条件として、以下の二八項目が挙げられている（*Sn*. 620-647）。

1　無一文であって執着のない人。

2　すべての束縛を断ち切り、怖れることなく、執着を超越して、とらわれることのない人。
3　紐と革帯と綱とを、手綱ともども断ち切り、門を閉ざす閂（障礙）を滅して、目ざめた人。
4　罪がないのに罵られ、なぐられ、拘禁されるのを堪え忍び、忍耐の力あり、心の猛き人。
5　怒ることなく、つつしみあり、戒律を奉じ、欲を増すことなく、身を整え、最後の身体に達した人。
6　蓮葉の上の露のように、錐の尖の芥子のように、諸々の欲情に汚されない人。
7　すでにこの世において自己の苦しみの滅びたことを知り、重荷をおろし、とらわれのない人。
8　明らかな智慧が深く、聡明で、種々の道に通達し、最高の目的を達した人。
9　在家者・出家者のいずれとも交わらず、住家がなくて遍歴し、欲の少ない人。
10　強くあるいは弱い生きものに対して暴力を加えることなく、殺さず、また殺させることのない人。
11　敵意ある者どもの間にあって敵意なく、暴力を用いる者どもの間にあって心おだやかに、執着する者どもの間にあって執着しない人。
12　芥子粒が錐の尖端から落ちたように、愛着と憎悪と高ぶりと隠し立てとが脱落した人。

13 粗野ならず、ことがらをはっきりと伝える真実のことばを発し、ことばによって何人の感情をも害することのない人。
14 この世において、長かろうと短かろうと、微細であろうとも粗大であろうとも、浄かろうとも不浄であろうとも、すべて与えられていない物を取らない人。
15 現世を望まず、来世をも望まず、欲求もなく、とらわれのない人。
16 こだわりあることなく、さとりおわって、疑惑なく、不死の底に達した人。
17 この世の禍福いずれにも執着することなく、憂いなく、汚れなく、清らかな人。
18 曇りのない月のように、清く、澄み、濁りがなく、歓楽の生活の尽きた人。
19 この障害・険道・輪廻（さまよい）・迷妄を超えて、渡りおわって彼岸に達し、瞑想し、興奮することなく、疑惑なく、執着がなくて、心安らかな人。
20 この世の欲望を断ち切り、出家して遍歴し、欲望の生活の尽きた人。
21 この世の愛執を断ち切り、出家して遍歴し、愛執の生活の尽きた人。
22 人間の絆を捨て、天界の絆を越え、すべての絆をはなれた人。
23 〈快楽〉と〈不快〉とを捨て、清らかに涼しく、とらわれることなく、全世界にうち勝った健きひと。

24　生きとし生ける者の死生をすべて知り、執着なく、幸せな人、覚った人。

25　神々も天の伎楽神（ガンダルヴァ）たちも人間もその行方を知りえない人、煩悩の汚れを滅し尽くした人。

26　前にも、後にも、中間にも、一物をも所有せず、すべて無一文で、何ものをも執着して取りおさえることのない人。

27　牡牛のように雄々しく、気高く、英雄・大仙人・勝利者・欲望のない人・沐浴した者・覚った人。

28　前世の生涯を知り、また天上と地獄とを見、生存を滅し尽すに至った人。

（22）中村元選集5『インド古代史上』（p.87）参照。

（23）同前（pp.86-87）参照。

（24）平川彰著作集11『原始仏教の教団組織Ⅰ』春秋社、２０００年（pp.13-18）参照。

（25）*Vinaya* II, pp.238-240、『五分律』（大正22, p.181上）、『十誦律』（大正23, pp.239下-240上）、『四分律』（大正22、p.824中-下）。

（26）釈尊が成道してからカッサパ三兄弟、舎利弗・目連が帰信するまでの経緯は、パーリ律『大品』（*Vinaya* I, pp.1-44）及び『五分律』「受戒法」（大正22、pp.102下-110中）、『四分律』「受戒犍度」（大正22、pp.781下-799中）において、ほぼ対応した内容で説かれている。なお、『根本有部律』「出家事」（大正23、pp.1026下-1028中）及び「破僧事」（大正24、pp.124下-138中）にも、主題の置き所を変えて伝えられている。なお、サンスクリット写本の『四衆経』にも、これら諸律の伝承内容を踏まえた経緯が説かれている（丸山孝雄「四衆経及び根本説有部毘奈耶出家事・破僧事の仏伝とその特質」『印度学仏教学研究20号』（pp.204-207）参照）。

（27）パーリ律『大品』には次のように定められている。「比丘等よ、我は和尚あることを許す。和尚の弟子を見ること当に児の如く思うべし、弟子の和尚を見ること当に父の如く思うべし。若し此の如く相互に恭敬し和合して住せば、此の法と律との長益広大を致さん」（*Vinaya* I, p.44）。『五分律』（大正22、p.110下）、『四分律』（大正22、p.799下）、『十誦律』（大正23、p.148中）にも同様の趣旨の規定がある。なお、「和尚法」「弟子法」の詳細については、佐藤密雄『原始仏教教団の研究』（pp.246-266）、佐々木閑『出家とはなにか』（pp.177-186）参照。

（28）マハーパジャーパティー・ゴータミーが釈尊の姨母として釈尊を養育したこと、後に出家し最初の比丘尼となり、そのことによって比丘尼の制度・サンガが成立したことは、諸経典が伝えている。主な資料に以下のようなものがある。『増支部』「瞿曇彌」（AN. IV, p.274）、『中阿含経』116「瞿曇彌経」（大正1、p.605上）、パーリ律『小品』「比丘尼犍度」（*Vinaya* II, p.253）、『四

分律』「比丘尼犍度」（大正22、p.922下）、『五分律』「比丘尼法」（大正22、p.185中）、『十誦律』「比丘尼法」（大正23、p.290下）、『僧祇律』「雑誦跋渠法」（大正22、p.471上）。

(29) 中村元『ゴータマ・ブッダI』（p.649）。赤沼智善編『印度仏教固有名詞辞典』では、現在に名が伝えられているのは、比丘四〇人、比丘尼一九人、優婆塞九人、優婆夷二人の計六〇人としている（p.566）。

(30) 前出『出家とはなにか』（pp.79-101）参照。

(31)「外道別住」の規定は、内容に相違はあるが、すべての律に施されている。パーリ律（*Vinaya* I, pp.69-71）、『四分律』（大正22、pp.806下-807中）、『五分律』（大正22、p.115上）、『十誦律』（大正23、pp.150中-151上）、『摩訶僧祇律』（大正22、pp.420下-421上）、『根本有部律』「出家事」（大正23、pp.1031下-1032上）。このうち、『五分律』と『十誦律』には免除規定が示されていない。一方、『四分律』では、入団を希望した当初において、「正決定心を得るならば」という条件をつけて別住を免除している。また、『僧祇律』では、「外道の標識を捨てて、俗人の服を着した者」及び、別住の途中であっても「正法を得た者」は免除するとしている。なお、詳細については、佐藤密雄『原始仏教教団の研究』山喜房仏書林、１９６３年（pp.238-242）、樋口明生「異教徒の入団規定」『仏教学研究』45・46号（pp.191-209）参照。

（32）前出『原始仏教教団の研究』（p.241）参照。

（33）以下、チャンナに関する伝承の主なものを挙げる。

①釈尊の出家時の御者であった（*Dph-A.* I, p.85）。

②もと釈迦族の奴隷女の子として生まれた。釈尊の親族・同族であって、後に信を得て出家するが、仏と法に対する我執が強く、そのために高慢に流れ、釈尊の涅槃のときに梵檀罰に処せられる。その後、恐れを生じ、愛着を絶ち、観を確立して阿羅漢果を得た（*Therag-A.* I, p.166）。

③釈尊と一緒に出家したことを鼻にかけて、舎利弗・目連が「我等は上足の弟子なり」と言って歩き回るのは怪しからずと非難・中傷した（*Dph-A.* II, p.110）。

④なお、チャンナの出自について、『薩婆多毘尼毘婆抄』では「闡那者是仏異母弟、優填王妹児」（大正23、p.543上）としている。チャンナは釈尊の異母弟であって、優填王（ウデーナ王、ヴァンサ国王。コーサンビーはその首都）の妹の子、つまり甥だとするが、これは伝承の誤りであろう。ただ、チャンナが優填王の信頼を得ていたことは『毘尼母経』（大正24、p.823中）にも記されているところからすれば、王室との関係は浅くはなかったのであろう。これらの記述から、コーサンビーの仏教界におけるチャンナの基盤は、王室の庇護を受けて強固に築かれて

いたと推測される。

(34) コーサンビーにおけるチャンナの不善行を、諸律の制戒因縁から大別すると、(イ) 華美で大きな精舎の建設 (有主作房戒、覆屋過限戒、用虫水戒、過量状足戒)、(ロ) 不適切な言動で不和を起こす (悪性拒僧違諫戒、異語悩他戒、不受諫戒、拒勧学戒、毀毘尼戒) などが挙げられている。

(35) 客 (来) 比丘を迎える旧 (住) 比丘の作法について、パーリ律『小品』「儀法犍度」には「旧比丘は年長の客比丘に対して座を設け、洗足水・足台・足布を置き、出迎えて鉢衣を取り、飲み水の用不用を聞き、その後、履物を拭く」(*Vinaya* II, p.210) などと事細かく記され、さらに僧院の実情に不案内な客比丘には水飲み場や便所などの所在を教えるようにとも記されている。つまり、客比丘には旧比丘の住する僧院に宿泊する権利があり、旧比丘は客比丘を歓迎し、もてなす義務が課せられていた。もし、双方がこうした作法を守らず、不和を起こした場合は、「破僧」ではないが「僧不和合」であるとされた (*Vinaya* V, p.201)。

(36) コーサンビーの比丘たちが二派に分かれて激しく争ったとき、釈尊は「比丘衆破せり」と破和合僧の事態に至ったことを宣したうえで、双方に対して和合を促す実に細やかな訓戒を施している。挙罪をなした比丘には「もしサンガが破られそうな事態に至ったときは、罪を犯したとされる比丘を不見罪羯磨にかけてはならない」とし、罪を咎められた比丘には「余人を信じて自分の罪を認めるべきである」と教誡したという。釈尊は争いに直接介入し裁くのではなく、双方の自覚的判断による解決を促している（*Vinaya* I, pp.239-240）。『中部』48「憍賛弥経」では、こうしたコーサンビーの破僧事件をもとに、「六和敬法」の教えが説かれたとする（*MN*. I, p.320）。六和敬法とは、身和敬（身業において慈悲を行う）、口和敬（語業において慈悲を行う）、意和敬（意業において慈悲を行う）、利和敬（如法に得られた物はすべて分かち合う）、戒和敬（同じ戒律を正しく遵守する）、見和敬（教法に対して同じ見解をもち、信仰を一にする）の六種の生活法を言う。『増支部』「十集」5-50では、祇園精舎で起こった論争に関連して「十和敬法」が説かれている（*AN*. V, p.89）。十和敬法とは、①波羅提木叉を学ぶ、②多くを聞く、③善友をもつ、④従順である、⑤同輩を助ける、⑥法と律に喜びをもつ、⑦善法を自得するために精進する、⑧少欲知足である、⑨正念正知である、⑩諸法の生滅への正しい智慧をもつ、の一〇法を言う。

(37) 釈尊の時代には、仏教教団の全体を統合するような中央集権的な組織体は形成されていなかったという。平川彰は「地方点在のサンガを、横に統合する中央教会のごときものは、原始仏教次代には存在しなかった」とし、個々のサンガを結合していたものは、精神的紐帯のみであったとしている（『原始仏教の研究』p.307）。ただし、実体的な組織体系は認められないにしても、釈尊の教団全体を象徴的に示す、例えば「世尊のサンガ」あるいは「沙門ゴータマのサンガ」と呼ばれる存在はあったと考えられている。それが「四方サンガ」である。この個々のサンガ（現前サンガ）と教団全体を指す四方サンガの関係については、前出『釈尊伝の研究』文書7「釈尊のサンガは存在したか――〈現前サンガと四方サンガ〉序説」、論文13「〈仏を上首とするサンガ〉と〈仏弟子を上首とするサンガ〉」、論文14「〈釈尊のサンガ〉論」を参照。

（38）コーカーリカが、釈尊の教誡も聞かず、舎利弗・目連を執拗に非難・中傷し、その結果、紅蓮地獄に堕ちたというエピソードが、『スッタニパータ』3-10「拘迦利耶経」に説かれている（Sn. 3-10, p.123）。このように、コーカーリカが舎利弗・目連に対して誹謗を繰り返したことは、以下の諸経にも伝えられている。『相応部』「梵天相応」（SN. I, p.149）、『増支部』「長老品」（AN. V, p.170）、『雑阿含経』1193（大正2, p.323中）、同1278（大正2, p.351中）、『別訳雑阿含経』106（大正2, p.411中）、同276（〈大正2, p.470中〉、『増一阿含経』21-5（大正2, p.603中）、『ジャータカ』481（J. IV, p.242）。なお、『根本有部律』「破僧事」では、コーカーリカをシャカ族の子弟で、提婆達多と同時に出家したとしている（大正24, p.169中）。

一方、トゥッラナンダーは、提婆達多に追従する比丘尼として諸律に登場する。パーリ律の経分別「波逸提29」（Vinaya IV, p.66）、『四分律』「単提29」（大正22, p.653上）、『十誦律』「波夜提30」（大正23, p.85中）、『僧祇律』「単提30」（大正23, p.350上）では、堤婆を「大龍」とし、舎利弗・目連、摩訶迦葉らを「小龍」「賎しい人」などと蔑視していたことが記されている。『僧祇律』「尼薩耆夜提5」では、偸難陀（トゥッラナンダー）を阿難の出家前の妻であったとしている（大正22, p.300下）。また、『相応部』「迦葉相応」には、堤婆達多と阿難を大象に譬え、摩訶迦葉を「もと外道」の小象と貶して蛇蝎の如く嫌ったことが記されている（SN. II, p.217）。

第二章　王権と仏教サンガ

一　戦争と教団の対応

1　戦争を「黙過」した釈尊

ヴィドゥーダバが王位を継いだとき、側近の婆羅門好苦が新王の許にやってきて、昔、シャカ族に辱められたことを思い出すように、と進言する。その言葉に触発されて、ヴィドゥーダバはシャカ族への憤怒を蘇らせる。即座に四部兵（象兵、馬兵、車兵、歩兵）を率いて、シャカ族の征伐に乗り出す。それを聞き知った釈尊は、枝葉の全くない一本の枯れ樹の下で結加趺坐し、ヴィドゥーダバ王の軍隊を迎える。それを見たヴィドゥーダバはすぐさま戦車を降り、叩頭しながら、こう訊ねる。「枝葉がよく繁り、木陰に適した尼拘留のような樹があるのに、なぜ、枯れ木の下に座っておられるのか」。釈尊は「親族の蔭は、外の人の蔭に勝る」と応じる。親族を捨て、故郷を捨てて出家し、ブッダとなった釈尊ではあっても、シャカ族への情愛は失われていない――釈尊の言葉からそのことに思い至ったヴィドゥーダバは、シャカ族の征伐を思い止まる。同じことが、三度繰り返される。その間、神通第一の大目乾連（目連）が、神通力をもってヴィドゥーダバ軍を他の世界に投げ捨てるか、あるいは迦毘羅衛城を鉄籠で覆うかして、シャカ族を武力衝突から救うことを申し出るが、釈尊は「宿縁というものは、神通力で投げ捨てたり、覆ったりすることは出来ない」と言って押し止め、「教団に戻って、自分の成すべきことをなせ」と訓戒する。釈尊は「シャカ族の宿縁が熟し、今まさに受けようとしている」として、事態の展開を見守るだけであった〈以上、『増一阿含経』〈大正蔵2、p.690下-691中〉の要約＝骨子：④⑤〉。

釈尊はヴィドゥーダバの進軍を三度まで阻止するが、四度目のときには「シャカ族の宿縁が熟した」として黙過したとされている。『根本有部律』「雑事」でも「釈種の前世の業累に由りて、今応に報を受くべし。業若し成熟せば、瀑流の如く禁制すべからず。要ず須らく自ら受くべし」（大正24、pp.239中-240上）とシャカ族の種族としての業報が強い調子で記されている。

改めて言うまでもなく、「乞食」を理念とする出家沙門には、対社会的な権能は一切付与されていない。彼らのもつ社会形成力とは、したがって精神的感化力のみである。ヴィドゥーダバに対しては、それが三度まで通じた。『琉璃王経』には、「先古に載する所の蔵宝の秘讖（古来秘伝の預言書）」として「兵を用いて征く旅に沙門に遇わば、転じて軍を巡らして還る」とあり、ヴィドゥーダバはそれを思い出し、「況や今、仏に値うをや、焉ぞ進むを得ん」（大正14、p.784中）として、兵を引き返したとある。しかし、ヴィドゥーダバの怨念はそれ以上に強く、四度目の侵攻を試みる。そうした事態に立ち至ったときの釈尊の態度は、まるで戦争傍観者のように描かれている。

釈尊は、戦渦に巻き込まれたシャカ族の人々に対して、宿業を説くのみで、何らの行動も起こさなかった。なぜ、身を挺してでも、侵略軍を阻止しなかったのか。こうした問題意識を踏まえ、中村元は次のような印象批評を加えている。「(ヴィドゥーダバの行動が生き生きと描かれているのに反して)ゴータマ・ブッダはまるで蔭の人物のごとく扱われている」[1]。中村は、シャカ族の滅亡は釈尊の入滅後の出来事であって、したがって、伝承が伝える釈尊の言動は後世の想像であろうと推量している。仮に、そうだとしても、初期の仏教教団が、釈尊を陰のような人物に扱い、それが如何に悲惨な出来事であっても、世俗社会の事柄は我が事に非ずとするような傍観者の役割を割り当てた伝承を構想した意図には留意しておく必要がある。中村は言う。「インドは国家の支配統制の弱い国であったから、農民や商人は各自の生業を追求し、兵士たちは戦争に従事している。かれらのなすがままに任せておいて、心ある人々が集まってサンガを形成し、理想的な生活を実現しようと努めた。それ以上のことは所詮かれらの能力を超えていると考えていたのであろう[2]」と。

確かに、釈尊および比丘たちの態度からは、世俗社会の動向に対する当事者意識は全く感じられない。釈尊が三度にわたってヴィドゥーダバ軍の侵攻を阻止して帰ったその翌日、香室で休んでいた釈尊の耳に比丘たちの賛嘆の声が届いた。「仏はみずからの姿を示して、親族の人々を死の危機からお救いになった」。それに応じて、釈尊は「如来が親族のために尽くすのは、今に始まったことではない」として、自身の前生譚を語り聞かせる（『ジャータカ』465〈V. IV, pp.144-153〉）。祇園精舎の一室で、こんな会話が交わされていたまさにその時刻、シャカ族の都城であるカピラヴァァットゥは四度目に侵攻したヴィドゥーダバ王軍の猛攻を受けていた。仏教教団は広く比丘・比丘尼・優婆塞・優婆夷の四衆によって構成されている。農民や商人、兵士のなかにも仏教徒はいた。戦渦に巻き込まれた彼らの身の振り方もまた、教団の問題であったはずである。にもかかわらず、安閑として、如来の徳だけを話題にする。宿業の不可避性はさておき、少なくとも宿業に苦しむ人々への同苦の態度はあってしかるべきであろう。それすら見せず、何らの行動も起こしていない。

2　サンガの対応

僧院などの教団生活は世俗社会に対して完全にオープンであり、在俗の人々はいつでも自由に教団施設の出入りができた(3)。サンガは世俗社会から全く隔絶した集団であったが、同時に密接な交流もあったのである。したがって、武力衝突の余波は間違いなく教団内部にも及んでいた。そのために新たな律の制定も行われている。ここでは、シャカ族の滅亡という因縁譚を基に規定された律の条項から見えてくる教団および出家者の戦争（殺生、暴力）に対する対応を見ておきたい。

たとえば、沙弥出家の年齢制限に関する規定である。一五歳以上と定められていたが、後に例外が設けられ、一五歳以下であっても、鳥を追う仕事が出来れば、沙弥としての出家が可能とされた。この例外規定に関して、こんな因縁譚が記されている。――釈尊が迦毘羅衛国に居られたとき、琉璃（ヴィドゥーダバ）が迦維（毘）羅衛の釈迦族を殺害した。ときに長老阿難のもとに二人の親里の子が逃れてきたので、彼は二人を残食で養畜した。これを知った釈尊は阿難に「どうして子どもを出家させないのか」と尋ねた。そこで彼が「仏は一五歳に満たない者を沙弥にしてはならないと定められました」と答えると、釈尊は「今より、駆鳥する者を沙弥としてもよい。最下は七歳とする」と定めた（『十誦律』「受具足戒法第1」〈大正23、pp.151中-下〉）。これはパーリ律にもあり、そこには孤児救済という福祉的な要請があったとされている（*Vinaya* I, p.79）。

あるいは、既婚女性の受戒年齢に関する規定がある。通常は二〇歳だが、これが大幅に引き下げられた。それには、こんな因縁があった。――世尊が室羅伐城に居られたとき、悪生王（ヴィドゥーダバ）が釈迦族を誅伐したので、多くの釈女が所を失い出家した。やがて彼女たちが近円（具足戒）を受けようとしたので、比丘尼らが「満二〇歳になるまで待て」と制した。すると彼女らが「それまで待てない。私たちは夫よく仕えたので、師にも仕えることが出来る」と応じた。比丘尼たちは比丘を通して、そうした経緯を釈尊に報告した。そこで釈尊は「二年間の正学法を修した後の満一二歳の曾嫁女、あるいは満一八歳の童女に、具足戒を授けてもよい」と定めた（『根本有部律』「知曾嫁女人年未満十二与出家学処第108」〈大正23、p.1004中-下〉）。

また、比丘尼は人里離れた場所（阿蘭若）で暮らすことが禁じられているが、この規定の因縁譚にはこうある。――流離王が迦毘羅衛国を伐したとき、比丘尼らが城外で独り宿泊した。そこで釈尊は「独りで宿泊することを、王難を除いて許さず」と制戒した（『僧祇律』「波羅夷法」〈大正22、p.519上〉）。

さらには、乞食の際に装飾品を身につけることは禁じられ、犯すと越法罪に問われたが、それにはこんな因縁譚が附されている。――悪生王（ヴィドゥーダバ）が釈迦族を誅したとき、城中に多くの瓔珞・鐶釧の装身具があった。釈迦族の女性たちは自族の滅亡を悲しみ、その悲しみを思い出させる瓔珞・鐶釧の装身具を衆僧に布施した。ところが、これを得た六衆苾芻（六群比丘）が身に飾って迦毘羅衛城に入り乞食をしたため、それを見た釈迦族の女たちが「我らに悲しい思いを起こさせるとは」と泣いて訴えた。比丘たちから報告を受けた釈尊は「厳飾雑彩の具を着けてはならない。着ければ越法罪」と定めた（『根本有部律』「雑事」〈大正24、p.244上〉）。

また、戦火を逃れて裸同前の状態でサンガにやってきたシャカ族の人々に、比丘たちは敢えて衣すら与えなかった。出家者が在家者にものを施すことは禁じられていたからだが、それを知った釈尊は「衣を貸し与えよ。私と会見するために」と許可している（『四分律』「衣揵度」〈大正22、p.861上〉）。『五分律』「五衣法」（大正22、p.141下）でも同様に、シャカ族の人々に衣を与え、貸すことを許している。

これらの事例からは、サンガ内で処理できる事柄に関しては、積極的に対応する姿勢が窺える。しかし、先に記したように武力衝突そのものには、何らの対応策をとることはぜず、なすがままに黙過した。仏教サンガに対する直接的な攻撃ではなかったが、それにしても自身の出身種族が戦火に塗《まみ》れたのである。釈尊の心中を推し測りつつ言えば、仏教サンガとして出来ることは為し、世俗の事柄に関しては断念する。後は「法」の働きにすべてを委ねて、僧団の存続を預かるリーダーとしての大局的判断に立つしかなかったのであろう。

3　王権への随順

釈尊も教団も一旦戦争が始まってしまえば何も為しえなかった。そればかりか、広く教団内には、戦場における勇気を称え、戦死を賛美する文化があったことを窺わせる記録もある（*J.* I, p.181）。戦場に立つ兵士の覚悟として「敗れて生き延びるよりは、死んだほうがよい」（*Therag.* 194）と説く長老もいた。

比丘のなかには戦略に巧みな者があって、求めに応じて国王に戦術を助言し勝利に導いたというエピソードが、『ジャータカ』には記されている。[4] それは、先にも触れたが、コーサラ国とマガダ国の間で起こったカーシー国の争奪をめぐる争いに関わる出来事であった。この戦いでコーサラ国のパセーナディ王は敗戦を重ねるが、最後は勝利を得る。このとき、起死回生の戦法を進言したのが祇園精舎に住していたダヌッガハティッサ（弓術師・帝須）という長老比丘であった。その経緯を聞いた釈尊は、ティッサ長老の戦術家としての前世譚を語り、その功を称えたとされている。

『長部』16「大般涅槃経」の冒頭に配された「七不退法」の教え[5]は、釈尊の教えによって戦争が回避された例証としてよく引用される。マガダ国の阿闍世王がヴァッジ族を攻め滅ぼそうと企て、大臣のヴァッサカーラを遣わしてその可否を釈尊に問わせる。その時、釈尊はそれには直接答えず、ヴァッジ族が共同体を和合させる七項目の原則を実施しているかどうかを阿難に確認し、それが行われている限り、国は衰亡を来たさないであろうことを教える。それを聴いていた大臣は、阿闍世王が戦いを起こしても攻め滅ぼすことは困難であると察知し、外交手段か離間策などの他の作戦を模索することにしたという。――このようにしてマガダ国のヴァッジ族に対する侵略戦争は回避されるのだが、これも見方によっては、決して戦争そのものを抑制したものではなく、あくまでも相手国を征服するための戦略的な助言であったとも考えられよう。

国王は戦争に勝利して他国を征服すれば大王と称せられる。その王権の発動としての戦争行為を否定するような思想風土が仏教サンガに育つ余地はなかった。より積極的に言えば、仏教サンガにとって国王から信頼され、重要視されることは、教団の維持・発展を図るうえで最優先の努力目標であった。

しかしながら、ここは注意深く読み込む必要があるところだが、釈尊の仏教は不殺生・非暴力の教えであって、言うなれば、非戦主義者が戦争に巻き込まれた場合の対処を説いた記録として理解しなければならない。出家沙門が自ら武装して直ちに戦闘に加わるなどは論外として、神々の教えを用いて戦争を正当化し、推進を図ることなども釈尊は厳しく戒めている。

『相応部』42「聚落主相応」に戦士の生天問題を説いた経典がある。[6] ここでは、戦士聚落主が登場し、釈尊の見解を求めて言う。——伝来のヴェーダ信仰によれば、「戦場で死闘し、敵兵を打ち殺せば、死後に倶所楽天という天に昇ることが出来る」と教えられているが、それで間違いないか、と。釈尊は、その応答を三度拒むという慎重な態度を見せた後に、しかし断固とした口調でそれを「邪見」であると退ける。「戦場において死闘し、敵兵を打ち殺せば、死して後に生天の徳が得られると説くのは邪見であって、邪見に惑う者は地獄か畜生道に堕ちる」。この釈尊の言葉を聞いて、戦士村の主は悲泣の涙を流す。しかし、それは釈尊の教えの非情さを悲しんで泣いたのではなく、これまで多くの戦士が欺《あざむ》かれ、騙《だま》され、誑《たぶら》かされて戦場に駆り出されてきたことへの悲憤の涙であった。そして、戦士村の主は終生、釈尊に帰依することを誓っている。

「勝利からは怨みが起こる。敗れた人は苦しんで臥す。勝敗を捨てて、やすらぎに帰した人は、安らかに臥す」(*Dhp.* 201、*SN*. I, p.83)、「殺すものは殺され、怨むものは怨みを買う」(*SN*. I, p.85)——要するに、戦争は、勝っても負けても悪業の連鎖を生むのであって、敵方の悪業を語って、自らの悪業に目を瞑るわけにはいかない。釈尊は戦争の現実を見据え、こう教えている。

釈尊の布教活動の主要な拠点であったマガダ国にしろコーサラ国にしろ、これらの国家の政体は専制的君主国家であって、国王の権力機能は戦争と統治に集約される。戦い征服し支配する。「国王は武力をもって大地を征服し、海辺に至るまでの地域を占有し、海の此方では満足せず、海の彼方までも求めるであろう」(*Therag.* 777)。そんな王権の源泉は、血統の尊貴性によるものではなく、強大な軍事力とそれを支える経済力であった。他国を征服して、王は大王となる。領土の拡大をもって王権の伸張が問われる以上、戦争は国家にとって最重要の行為として位置づけられる。

マガダ国のビンビサーラ王はセーニヤ・ビンビサーラと称されていた(*Vinaya* I, p.35、*J.* I, p.314)。セーニヤとは「軍隊」とか「戦士」を意味するが、彼は戦士として国を治める王であって、刹利種(王族・武士)という種族とは関係なく、傭兵によって編成された常設の軍隊をもった最初の王であった。[7] 戦士たちは「我等は生活のため、妻子のために軍隊に入った」(*Vinaya* IV, p.104)と言い、「金の欲しい者は先頭に立って戦え」(*J.* II, p.423)と鼓舞されて戦った。国王は俸給を与え、雇った職業的兵士をもって軍隊を編成していた。

コーサラ国のパセーナディ王は傭兵の最高統治者として将軍（セナーパティ）という職制を創設し、太子のヴィドゥーダバを将軍に任じ、軍隊の統帥権を委ねていた。ヴィドゥーダバは太子の時代にはヴィドゥーダバ・セナーパティと呼ばれている。[8]

釈尊は非戦主義に徹しながら、こうした専制国家との交渉にはことさら慎重な姿勢をもって対応している。[9]王権との対立や摩擦を起こす危険性を孕《はら》んだ状況は、徹底して回避する。「王に随順することを許す」（*Vinaya* I, p.138）。これが釈尊の一貫した態度であった。

なかんずく、国王の軍事的権能に関わる局面では、神経質なほど事細かく対応している。何より、王臣・戦士の出家授戒は厳しく禁止された。その因縁譚として、こんなエピソードが記録されている。――あるとき、マガダ国の辺境で反乱が起き、その鎮圧のために国王のビンビサーラは軍隊を出動させた。ところが、招集した戦士のなかに、「喜んで戦争に往けば悪業を積むことになる」と兵役を忌諱《きき》して出家した者があった。兵役の拒否は重大問題である。出家した兵士及び出家させた比丘たちは即座に捕えられ、裁判にかけられた。伝来の判例によれば、出家した兵士は極刑（死罪）。そのうえ、出家させた和尚の頭を断ち、表白師の舌を抜き、会衆の肋骨を半折にするという重罰が科せられる。[10]そこで、ビンビサーラ王は釈尊のもとを訪れ、「国王の中には信心も浄心もない者もいる。（裁判になれば）比丘衆を悩ませることになる」と事情を説明し、「王臣を出家させないでもらいたい」と願い出る。これに応じ、釈尊は「王臣を出家せしむるべからず、出家せしむるものは悪作に堕す」と制戒した（Vinaya I, pp.74-76）。『摩訶僧祇律』にも同じ制戒因縁が記されているが、ここでは、ビンビサーラ王は捕えられた兵士や比丘たちを即刻放免したとする。そのうえで、今後出家を希望する者は自由に出家してよいとし、その一方で重罪を科そうとした断事官（裁判官）を処罰し、官位を奪い財産を没収したとする（大正22、pp.419下-420上）。なお、『五分律』にも同様の記述があるが、ここでは阿闍世の時代の出来事として、関係した比丘たちは国外に追放されたとする（大正22、p.116）。

このように、兵士・王臣の授戒は仏教サンガと王政との間に摩擦を生じ、場合によっては教団弾圧の火種にもなりかねない。釈尊は、そうした事態を憂慮し、総じて戦争との関わりには厳しい戒めをもって対応している。『経分別』「衆学」58〜60では、杖刀を持つ者、武器を持つ者への布教を禁じている（Vinaya IV, pp.200-201）。また、同「波逸提」48〜50では、出征軍を観に行くこと、軍隊に止宿すること、合戦を観ることなど、軍隊に接近することは事細かく禁止条項を定めている（Vinaya IV, pp.104-108）。さらに、これは在家信徒（優婆塞）への訓戒だが、武器の売買を「正しくない商売」の一つとして禁止している（AN. III, p.208）。

非暴力・不殺生を説き、戦争を悪として否定しながら、王権には随順し、国家権力との調和を第一とする。この二枚腰的な現場感覚を、釈尊は重視していたのであろう。出家主義に立つとは言え、世俗社会に認知され、連携することによって独自の教団を築き上げようとした釈尊の高度な政治的判断をどう評価し、現実に即してどう応用するかは、別の問題である。

セイロンの年代記『大王統史』(『大史』)第二五章「ドゥッタガーマニーの勝利」によれば、紀元前一五〇年頃のセイロン上座部の教団は、国王との独自の関係から五〇〇人の出家比丘を戦場へ送り出している(*Mhv.*, p.197)。国王ドゥッタガーマニーは即位当時、城都アヌラーダプラを支配していたタミル人を駆逐するために戦争を起こしている。タミル人は南インドから侵略してきたシヴァ派のヒンドゥー教徒であった。王は、自身の王位安泰のためではなく、セイロンに仏教を樹立するために戦うと宣言し、仏舎利を槍の穂先につけて旗印とした。そして、軍勢を率いて仏教サンガを礼拝した後、戦いの吉瑞・守護のために諸比丘を与えよと要請する。僧団はその要請に応じて、戦争の罪業を贖う(daṇḍakamma)ために五〇〇人の行者(yati)を王軍に合流させ、戦場に送り出したという。この戦争で、ドゥッタガーマニー王はすべてのタミル人を斃《たお》して勝利し、セイロンの王位を統制する。

王の命令とは言え、出家修行者が武器を取って戦闘に参加するのである。人を殺して平和が来るものではない。ただ、命じられた職分を果たし、後は自身の死を贖罪の死として、戦争の罪悪の一分なりとも贖《あがな》おうと願う以外になかったろう。もし、出家比丘の戦闘参加に意義を認めるとすれば、非戦主義に立つ仏教者としての無残な戦死をもって戦争の廃絶をもたらす一石とする覚悟にある。僧団内の判断には、そんな苦渋の選択があったと思われる。それにしても、凱旋した王の心労をねぎらうために遣わされた高僧たちの発言には驚かされる。

ドゥッタガーマニー王は、己の輝かしい大戦果を顧みつつ、数多くのタミル人を虐殺した罪業の甚大さに心を痛めていた。高僧たちは、そんな王を慰めて言う。「その業のために、あなたの上天の道に障りはありません。人王よ、あなたは唯一人半の人間を殺しただけです。一人は三帰依に立てる者であって、半人とは五戒に立てる者です。他は邪見・悪行の徒であって、獣類に等しい。あなたは種々の法をもって仏の教えを輝かされることでしょう。ですから、あなたの心の憂慮をお払いください」（*Mhv.*, pp.207-8）。

もともとセイロンはシンハラ人国家であったが、これでは僧団がシンハラ人のナショナリズムにからめとられた聖戦思想を説いたことになり、異民族・異教徒であるタミル人を獣類と見做して征伐することを仏の教えをもって正当化したことになる。もとより、この慰謝の言葉は王の心中を忖度したその場限りの励ましであって、いかなる意味でも仏教の教えとは無縁のものである。しかし、これも上座仏教史に刻まれた歴史的事実の一つであってみれば、釈尊が築こうとした王権と調和する仏教サンガの在り方を検証する教訓としなければならない。[11]

二　四依法と教団の経済事情

1　乞食が基本理念

仏教サンガは、その出発点からして世俗の一般社会から寄せられる好意と援助に依拠する「乞食」という生計手段を選択した。[12]この出家修行の大原則を、シャカ族が滅亡の危機に曝されていた異常事態にあっても釈尊の教団は貫いている。先に見たように、敗戦後のカピラヴァットゥを、布施された装身具を身に着けて乞食に歩き、釈女たちの非難を浴びた六群比丘の事例もある。世俗社会の事情がどうであれ、出家者たちは乞食に歩いている。乞食という生計手段は、それ自体が仏道修行であって、布施する側も含めて、その宗教的行為によって共々に仏道の成就を目指すのである。

釈尊の教団における生活の基準は四依法に集約されている。着衣はぼろ布を継ぎ合わせた糞掃衣、食事は托鉢による乞食、住居は樹木の下に住む樹下住、薬剤は牛の小便である陳棄薬のみとされた（『四分律』〈大正22、p.758中〉）。このうち、糞掃衣、樹下住、陳棄薬は自然物や身の回りにある物でまかなわれるが、乞食はそれらと異なり、人々の尊敬とか信頼・好意といった精神的紐帯がなければ成り立たない。仏教教団が生計手段に木の実や草木による自給・自炊ではなく、あくまでも乞食を基本的理念として選んだことは、仏教が在俗社会との関係性を大前提にした宗教であって、その関係性のなかにこそ仏道の成就もあるということを示している。

帰郷した釈尊が、カピラヴァットゥに托鉢に入った時、父王の浄飯王が「摩訶三摩多（マハーサンマタ）の王族の系統にある者が食を乞い歩くとは、あまりにもみっともない。修行僧の食事ならいくらでも提供する。恥ずかしい思いをさせるな」と止めさせようとしたが、釈尊は「自分は王族の系統ではなく、燃燈仏（ディーパンカラ）以来のブッダの系統をひく者であって、他の数千のブッダと同様、行乞によって生活を営む」として、托鉢の歩みを止めなかったことが伝えられている（*J*. I. p.85）。

ところで一方、初期の段階から、釈尊の教団には在家信者からの多大な布施・寄進があり、かなり豊かな生活をしていたと考えられている。大規模なものでは、国王や大富豪からの土地、建造物の寄進があった。マガダ国王のビンビサーラはカランダ竹林園（栗鼠飼養処）を、コーサラ国の給孤独長者（須達多）は祇園精舎（祇陀園）を寄進している。また、ヴィシャリーの有名な遊女アンバパーリーが寄進したアンバパーリヴァーナ（闇婆婆梨園）もよく知られている。それに、出家者個人に対しても、貴重品である布や生活必需品の布施、あるいは食事への招待などが日常的に行われ、律の諸規定を見れば、そのために陥る驕奢の風潮を戒める罰則が多様に定められている。[13] しかし、在家者からの信施があれば、それを「余得」として受け入れ、拒むことはなかった。真新しい衣を身にまとい、立派な住居に住み、豪奢な食事などのもてなしを受けることも、仏教教団では許されていたのである。

このような多大な布施・寄進は、それだけ仏教教団が世俗社会からの信任を得ていたこと、つまり乞食を基本的な理念とする仏教僧団の布教活動が順調に進められていたことを示すが、その反面、出家修行者の定住化や僧院などの施設拡充を背景とした組織的な教団運営の在り方が問われることにもなる。何よりも、四依法という出家修行者の基本的な生活態度との関係において、どのような整合性が用意されていたのであろうか。また、寄進された土地や建造物、あるいは布や生活必需品、食物などの施物の管理・運営・維持、さらには貨幣経済の浸透や商業の発達とともに恒常化する金銭による布施の取り扱いといった現実的問題もある。

2　「浄法」と豊かな教団生活

いつのころからかはっきりしないが、僧団内ではカッピヤ（kappiya）という語を冠する約束事が、しばしば登場する。[14] カッピヤとは漢訳で「浄」と訳され、多くの場合、律が定める本来の諸規定を回避するための便法として用いられる。この「浄法」を用いることによって、世間の余り物で生計を立てる乞食という根本の生活原理を崩すことなく、豊かな教団生活を営むことが可能となった。

たとえば、金銭による布施を受け取る場合である。出家比丘は金銭を使い売買することはおろか、金銭に触れることすら許されていない。それは、神経質とも思えるほど厳しく禁止されている。[15] そこで、金銭に触れることなく、金銭を受け取る便法が考案された。具体的には、布施者との間にヴェイヤーヴァッチャカラと呼ばれる執事人を立てて仲介させるのである。[16] つまり、金銭を布施された場合、出家比丘が直接受け取るのではなく、特定の在家信徒を執事人として指定し、その人に預かってもらう。そして、何か購入する必要が生じれば、執事人に「○○を知れ」と伝える。すると、執事人はその出家者が「○○を買ってもらいたいのだ」と察して、預かっている金銭で物品を購入し、出家者に与える。このような手続きを踏むことによって、出家者は金銭に触れることなく、また金銭の存在を口にすることもなく、必要なものを手に入れることができる。こうした状態を指してカッピヤ（浄）と呼び、指定されたヴェイヤーヴァッチャカラ（執事人）はカッピヤカーラーカ（浄人）とされたのである。ただし、指定した執行人が預かった金銭を着服したり不正を働いた場合、それを追求する権利は出家者にはない。布施された金銭の所有権は出家比丘ではなく、あくまでも施主である在家信徒にある。したがって、何かトラブルが生じた場合には、その処理は施主と執事人という在家者同士の間で行われることになる（『五分律』〈大正22、pp.28下-29上〉）。

また、カッピヤクティと呼ばれる食厨に関する便法があった。律の規定に従えば、比丘は食料を貯蔵したり調理することは禁じられていた。これでは不便が生じる。そこで、僧団内に食糧貯蔵庫や調理施設が設置され、寄進された多量の食料が貯蔵され、在家の人々によって調理され、比丘たちに提供されるようになった。ただし、それらの施設が設置された場所は僧団の「界」には属さない領域とされ、したがって、その所有権、管理・運営権は、建物を含めてすべて在家者の手に委ねられていた[17]。

律の諸規定を見れば、僧団にはアーラーミカ（寺男、園民・守園人）と呼ばれる在家の働き手が登場し、様々な役割を担って活躍している[18]。彼らは世俗社会で暮らす在家者ではあるが、僧院内の各種の業務を請け負い、それを生業としている点で僧団の構成員の一部に組み込まれている。なかには、先に述べた金銭を比丘に代わって管理する執事人やカッピヤクティの管理・運営に当る在家者のように、出家者が直接関与できない事柄を代わって行う浄人の役割を担ったアーラーミカもいた。アーラーミカと浄人の区別は必ずしも明確ではなく、一人の人物が、二つの役割を兼務する場合もあった。アーラーミカが優婆塞となり、比丘に禁じられた行為を代行すれば、それは浄人ということになる。

このようなアーラーミカの制度は、マガダ国のビンビサーラ王がピリンディヤヴァッチャーという比丘のために五〇〇人の世話役を寄進したことによって始まったとされている。彼らは守園人村などと呼ばれる集落を形成していた。言うなれば、ピリンディヤヴァッチャー比丘は一つの村をまるごと寄進されたことになるのだが、ただし、この村で彼が乞食を行っていたと記されているところからすれば、住人たちはあくまでもビンビサーラ王の使用人であって、労働力のみがアーラーミカとして比丘に提供されたと考えられている(19)。

四依法による厳しい生活態度を定めながら、その一方では「余得」による豊かな衣食住を容認する。そのズレを整合させるカッピヤと呼ばれる便法は、したがって釈尊の在世からすでに行われていて、滅後になってさらに拡大されていったと考えられている。そもそも、四依法が制定された背景には、こんな因縁譚が述べられている。――ある婆羅門が「腹を満たす」ために出家を希望した。曰く「彼の沙門釈子等は戒易く行易く好食を食らい、風の入らざる臥具に臥す。我当に沙門釈子等の許に於て出家すべし」と。そこで、釈尊は「具足戒を授ける者に四依を説くことを許す」と説き、四依法が定められた。ところが、ある少年が出家を希望した際に四依法を説いたところ、「嫌厭し違逆」した。これでは、出家させることが出来ない。この場面では、釈尊は「予め四依を説くべからず」として、授戒時に四依法を説くことを禁じ、出家した後に適当な時期を見計らって説けばよいとした（*Vinaya* I, p.58）。

四依法を出家生活の基本的な規範としながらも、個々の事情によっては、説く場合もあれば、説かない場合もある。要は、仏道修行をより増進させることが重要なのであって、その他の事柄はカッピヤ（浄）という語を冠して臨機応変に対応させればよいと考えられていたのであろう。

釈尊の晩年、[20]教団の分裂事件を起こした提婆達多（デーヴァダッタ）は、こうした便法を否定し、四依法を含む厳格な出家生活を教団内に徹底するよう釈尊に要請した。諸律によれば、提婆達多は「五法（事）」の実施を釈尊に要求している。「五法（事）」の内容は律によって多少の相違はあるが、①乞食、②糞掃衣、③露坐、④不食酥鹽、⑤不食魚肉などが挙げられている。要するに、四依法の基本に戻り、頭陀行的な禁欲・苦行に徹した生活態度を求めたのである。僧院生活が定着し、施衣・施食による安定した暮らしが普通になっていた教団への、原理主義的な批判である。塚本啓祥によれば「提婆達多の破僧伽の伝承は、かような比丘生活の定住化と住処の僧院化に対して、従来の生活様式を維持しようとするグループの抵抗であった」[21]と理解されている。

繰り返して言えば、釈尊の教団は、世俗社会との共存が大前提であった。したがって、仏教僧団として堅持すべき点と世俗社会の変化に応じて変更可能な点――このレベルの異なる二つの側面を正確に把握し、両者の混同を回避しつつ、出家修行の場を護るという、いわゆる中道的・合理的態度が重要であった。その意味で、乞食という基本理念を保持しつつも、世俗社会の変化に応じて教団の在り方を変える柔軟性・適応性への要求が、カッピヤという便法を生み出したのであろう。

しかし、そのような便法が、後に常態化し、仏教教団の経済システムに大きな変化をもたらす要因にもなっていくことには十分な注意を要する。たとえば、アーラーミカの存在は、乞食生活の基本理念を変更することなく、実質的に出家者の自給自足の生活を可能にした。仮に、僧団に土地が寄進されたとして、その土地を出家者が田畑として耕作することは禁じられていたが、アーラーミカを小作人として使用すれば、それは可能となる。僧団が田畑の地主として、アーラーミカに耕作させせたという記録は、『五分律』（大正22、p.72下-73中）や『四分律』（大正22、p.859中）などにもみられる。また、寄進された金銭を蓄積し、それを在家者に貸し出し、その利子を求める「無尽物」「塔物」のシステム（基金）も容認されている。根本説一切有部では「教団のためには利潤を追求するべきである」とされ、その貸与方法が詳細に規定されている（『根本説一切有部毘奈耶』〈大正23、p.743中‐下〉）。こうした金融システムの容認は、『摩訶僧祇律』（大正22、p.311下）、『十誦律』（大正23、p.415下）にもみられる。教団の地主化や金融システムの運用は各部派で同様に行われていたことが窺える。一方、パーリ資料では、紀元後四、五世紀のセイロン上座部の教団運営の新しいシステムとして現れてくる[22]。

寄進された土地を耕作し、そこで収穫された農作物を僧団の所有とし、安定した食料供給源を確保する。あるいは寄進された金銭を「無尽物」「塔物」として貸し出し、利子を求め、利潤を得る。そのような教団運営における経済的自立は、出家者の定住を一層促し、教団の規模も飛躍的に拡大させていくことになる。同時に、そのことによって、「乞食」を基盤とした出家修行者と在家信者との関係は希薄化し、世俗社会との共存という仏教僧団の大前提から大きく逸脱する可能性も生じた。この教団の経済的な自立化という問題は、仏教史を考えるうえで外せない重要な視点だが、律蔵の古い層にはまだ表面化していない。

【註】

（1）中村元『ゴータマ・ブッダⅠ』、選集〔決定版〕11巻（p.768）。

（2）同前（p.770）。

（3）佐々木閑『出家とはなにか』（p.153-154）参照。

（4）『ジャータカ』283「工匠養猪本生物語」（*J*. II, p.403f）、同492「大工養猪本生物語」（*J*. IV, p.342f）。

（5）「七不退法」として説かれた七か条の原則は以下の通り（*DN*. II, pp.72-89）。

①しばしば会議を開き、会議には多数の人々が参集する。

②協同して集合し、協同して行動し、協同してなすべきことをなす。

③未だ定められていないことを定めず、すでに定められたことを破らず、定められた旧来の法に従って行動する。

④古老を敬い、尊び、崇め、もてなし、古老の言を聴くべきものとして尊重する。

⑤良家の婦女・少女を暴力によって連れ出し、拘束することをしない。

⑥ヴァッジ族の霊域を敬い、尊び、崇め、支持して、旧来の法にかなった供物を廃することがない。

⑦真人（尊敬されるべき修行者）に正当の保護と防御と支持を与え、領土のうちにあって安ら

かに住することを願う。

以上の七原則は「衰亡を来たさないための七つの法（七不退法）」として、後に仏教サンガにも適応される（詳細は中村元『ゴータマ・ブッダⅡ』、選集〈決定版〉12巻〈pp.52-92〉参照）。

（6）SN. IV, pp.308-309、『雑阿含経』32（大正2、p.227中-下）、『別訳雑阿含経』7（大正2、p.420中-下）。

（7）D・D・コーサンビー『インド古代史』山崎利男訳（pp.197-199）。

（8）同前。なお、コーサラ国の将軍としては、パセーナディ王を画策によって客死させ、ヴィドゥーダバに王位を簒奪させたディーガ・カーラーヤナ（長作、長行）が複数の経典に登場する。これはどちらかが誤記というのではなく、カーラーヤナがパセーナディ王の時代には大臣であって、ヴィドゥーダバが王位に就いた後に将軍職を兼務したと理解すれば筋が通る。

（9）『増一阿含経』42（大正2、p.777上-中）には「親近国家有十非法」として、以下の一〇項目の危険性を挙げて、出家者が国家に親近することを戒めている（AN. V, pp.81-83）。
①王を殺そうとする陰謀が起こった場合、関与を疑われる危険性がある。
②大臣が反逆した場合、関与を疑われる危険性がある。
③王室の財宝が紛失した場合、関与を疑われる危険性がある。

④王室の女が未婚のまま妊娠した場合、関与を疑われる危険性がある。
⑤国王が重病を患った場合、関与を疑われる危険性がある。
⑥国王と大臣が相争った場合、関与を疑われる危険性がある。
⑦国と国に争いが起こった場合、関与を疑われる危険性がある。
⑧王が慳貪になって恵みを施さなくなった場合、関与を疑われる危険性がある。
⑨王が非法に国民の財産を奪うようになった場合、関与を疑われる危険性がある。
⑩疫病が流行した場合、関与を疑われる危険性がある。

律では、パーリ律（*Vinaya* IV, pp.157-161）、『五分律』（大正22, p.63上-中）、『十誦律』（大正23, p.125上-中）、『僧祇律』（大正22, p.390中-下）、『根本有部毘奈耶』（p.873上-中）の各律が、一〇種の過失を挙げて王宮に入ることを戒めている。また『四分律』では、門限を越えて王宮に入ることを禁じ（大正22, p.690下-691上）、比丘尼が王宮の美観に惑うのは賊女・淫女と異ならない（大正22, p.748中）と戒めている。

（10）律の規定によれば、受戒儀式を挙行するには、最低一〇人の比丘が必要とされている。和尚が一人、羯磨の進行役が一人、質問者が一人、他に証明役として七人、計一〇人の比丘が参列する（*Vinaya* I, pp.94-97）。兵士・王臣を出家させた場合、これらの比丘のうち、和尚が頭を断たれ、表白師（羯磨の進行役と質問者）は舌を抜かれ、証明役の比丘たちは肋骨を半折されるという重罰が科せられたのであろう。

（11）ドゥッタガーマニ王と仏教サンガに関する『大史』の記述については、それらが仏教の教えに合致しないとして、大半のシンハラ人僧侶は受け入れていないという報告もある（リチャード・ゴンブリッチ『インド・スリランカ上座仏教史』森祖道／山川一成訳、春秋社、２００５年〈pp.237-238〉）参照。

（12）パーリ律『大品』「第一大犍度」4-1には、菩提樹下で悟りを啓いた直後の釈尊に、こんなエピソードが伝えられている。——二人の商人（タプッサとバッリカ）が通りかかり、食物（蜜団子）の布施を申し出る。しかし、そのとき釈尊は修行者が常時携帯している鉢を持っておらず、布施を受けようにも受けられなかった。それを知った四天王が天界から石鉢を持ってきて、それを釈尊に差し上げた。その鉢で、釈尊は商人の施食を受けた。釈尊が食事を終えた後、二人の商人は釈尊への帰依を誓って、在家信徒（優婆塞）となった（*Vinaya* I, p.4）。
このエピソードは、初転法輪とそれに続くサンガ（僧伽）の創出に先立って語られたものだが、ここには仏教教団の成立に関わる二つの基本的な性格が示されている。第一に、釈尊が四天王から受け取った「鉢」の存在である。その時、釈尊は初めて鉢を使ったのだが、鉢は乞食生活の象徴であって、その後の仏教教団が乞食生活を基盤に運営されていくことを示している。釈尊は鉢を持つことによって、二人の商人の自発的な施しを受けた。乞食は在家者の積極的な好意（信施）を前提に成り立つ。そうした意味での乞食という生き方、生計の立て方が、仏教教団の在り方を規定していくことになる。第二に、したがって仏教教団の運営には在家者の積極的な好意が不可欠だということになる。二人の商人が釈尊に帰依を誓って在家信徒になったということは、仏教教団の構成員には出家者（比丘・比丘尼）に加えて、信施を実践する在家信徒（優婆塞・優婆夷）の存在が予定されていたことを示している。

（13）乞食に歩く比丘の中には世俗に流されて、在家者と遊興に耽る比丘も少なくなかった。それは、在家者の側にも問題があって、自分たちと同じ楽しみを楽しむ比丘のほうが親しみやすいという事情もあったようだ。釈尊の在世中、キターギリという町にアッサジとプナッバスという比丘が滞在していた。彼らは、町の在家信者と一緒になって飲み食いし、スポーツや遊びに興じるなどして、人気を集めていた。その時、律の規定を厳格に守った一人の比丘が遊行に立ち寄り、キターギリを粛々と乞食に歩いた。それを見た在家者は、その姿があまりにもみすぼらしく弱々しく、布施をする気にもならないと敬遠したという。こうした話を伝え聞いた釈尊は、アッサジとプナッバスの二人の比丘に「出家にあるまじき行為をした」として僧残罪に処している（*Vinaya* II, pp.9-13、III, pp.179-181）。

（14）波羅提木叉の中にすでに「浄法」という観念が組み込まれているところから、その成立はかなり古いと考えられている（平川彰『律蔵の研究』山喜房仏書林、１９６０年〈pp.734-735〉）。

（15）*Vinaya* III, pp.236-239。平川彰『二百五十戒の研究』２、春秋社、１９９３年（pp.332-358）参照。

（16）*Vinaya* III, pp.219-222。佐々木閑『出家とはなにか』（pp.170-173）参照。

（17）佐藤密雄『原始仏教教団の研究』（pp.636-658）参照。

（18）山極伸之「浄法に関わる人々」（『仏教学特殊研究Ⅱ』仏教大学通信教育部〈pp.18-37〉）、同「律蔵にあらわれる ārāmika」（『印度学仏教学研究』47-2〈pp.173-178〉）参照。

（19）*Vinaya* I, pp.206-209。註18「浄法に関わる人々」（pp.18-35）、註16『出家とはなにか』（pp.144-147）参照。

（20）森章司・本澤綱夫の論考によれば、提婆達多が破僧事件を起こしたのは、釈尊が成道して三七年、七二歳の頃であったとされている。したがって、本稿で扱っているシャカ族滅亡事件の六年ほど前のことになる（「提婆達多の研究」『原始仏教聖典資料による釈尊伝の研究11』〈p.100〉）。

（21）塚本啓祥『初期仏教教団史の研究』山喜房仏書林、１９８０年（p.309）。
（22）註16『出家とはなにか』（pp.147-148）参照。

第三章　インド思想における暴力の問題

一　シャカ族の戦争

1　殺されても殺さない戦い

いよいよヴィドゥーダバ軍が迦毘羅衛城（カピラヴァットゥ）に迫ったとき、シャカ族は一由旬の距離を置いて布陣し、四部兵をもって迎え撃つ。練達の弓術を駆使して、ヴィドゥーダバ王その人を標的に精確に射る。しかし、その精確さとは、頭の髻《もとどり》を射て王の頭に傷をつけず、鎧や武器、あるいは戦車の車輪や指揮旗を射て王の体に傷をつけず、といったように人身を外すことにおいての精確さであった。

彼らが殺そうと思えば、自分は確実に死んでいた――ヴィドゥーダバ王は恐れおののき、一旦は兵を引き返そうとする。しかし、好苦梵志が「シャカ族は五戒をたもち、虫一匹害せず、況や人おや」と進言するのを聞き、その言葉に勇を得たヴィドゥーダバ王は再び進軍し、開城を迫る。

そのとき、一五歳の少年奢摩《しゃま》が城壁に登り、果敢に反撃を仕掛ける。その戦闘ぶりは凄まじく、多くの兵士を殺し、ヴィドゥーダバ王を震撼させる。ところが、シャカ族はその奢摩を

「門戸を辱めた」と譴責し、国外に追放してしまう。「お前は、善法（五戒）を修めているのを知らなかったのか。我らは、一人で万人の敵を倒すことさえ出来る。この程度の軍勢なら、簡単に倒せる。しかし、殺生はしないという善法を誇りとして守っているのだ」。シャカ族は種族の掟として不殺生戒に殉じ、殺されても殺さない戦いを戦ったという。

まさに迦毘羅衛城が落城しかかったとき、摩訶男（マハーナーマ）はヴィドゥーダバ王にある条件を提示し、シャカ族の助命を願い出る。それは、自分が池に入り、水に没している間は、一族が逃げるのを見逃してもらいたいというものであった。ヴィドゥーダバ王は面白がって、その条件を呑み、マハーナーマはすぐさま池に入る。ところが、いつまでたってもマハーナーマは浮かび上がってこない。王が確かめさせたところ、マハーナーマは水底の樹に頭髪を縛りつけて、すでに絶命していた。みずからの命を賭して一族を救おうとしたマハーナーマを見て、ヴィドゥーダバ王に後悔の念が生じた。

結局、このとき流離王は九九九〇万人のシャカ族の人々を象兵によって踏み殺し、血を流して河と成した。そして迦毘羅衛城を焼き、五〇〇人の美女を妾にするために拉致して尼拘留園へ引き揚げる。このとき、五〇〇人の釈女は「婢の産んだ子とは情を通じない」と言って、ヴィドゥーダバ王を拒絶する。そこで、怒りに狂った王は彼女たちの手足を切り、深い溝の中に放り込んでしまった。その後、舎衛城に還ったヴィドゥーダバ王は、兄の祇陀太子が妓女たちと音楽を楽しんでいるのを見て「なぜ、共に闘おうとしなかったのか」と問い詰める。そのとき、祇陀太子は「我は、衆生の命を害することに堪えない」と答えている。ヴィドゥーダバ王は「極懐瞋恚」して、その場で祇陀太子を斬り殺してしまった。〈以上、『増一阿含経』〈大正2、pp.691 中-692 上〉の要約＝骨子：⑥⑦⑧⑨⑪〉。

2　釈尊の教えと種族の総意

ヴィドゥーダバ王によるシャカ族殲滅の顛末は、このように描かれている。ここでは戦場におけるシャカ族の応戦ぶりが非暴力抵抗に徹したものとして示されている。言うまでもなく、釈尊の説く不殺生戒に殉じたのであるが、それは種族の総意として選び取った道でもあった。『根本有部律』「雑事」には「城内に籠もって制令を作り」（大正24、p.240 上）とある。種族の合意をもって制令を作り、「ヴィドゥーダバ軍を傷害せず、もしこれを犯すものは釈種に非ず」と定めたというのである。また、ヴィドゥーダバ軍を撃破したのは、奢摩ではなく、ここでは外邑（城外）で農作業に従事していた閃婆《せんば》という農夫とされているが、彼は制令が発せられたことを知らなかったと記されている。さらに、『四分律』「衣揵度」（大正22、p.860 中）および

『出曜経』（大正3、p.624下）によれば、ヴィドゥーダバ王が開城を迫ったとき、釈尊は使いを遣わし、「門を開けるな」と説示したのだが、シャカ族はそれをもとに協議して籌（籤）を行い、開城に踏み切ったという。『増一阿含経』では、これを波旬（魔）の働きによるとしているが、いずれにしても、先の不殺生戒の制定と言い、この開城の決定と言い、仏の説示を教条的に実践に移すのではなく、種族の合意を得るという民主的な手続きを踏んでいたことが窺える。仮に結果的に釈尊の教示に反したとしても、種族の総意を優先させている。そうした種族の文化的土壌を背景にして不殺生戒を選び、非暴力的抵抗に徹したとする伝承には充分留意しておく必要がある。

さらに特筆すべきは、一族のために一身を投じたとするマハーナーマの自己犠牲の行為である。このことは、『四分律』「衣揵度」（大正22、p.861上）、『五分律』「五衣法」（大正22、p.141中-下）および、『仏説瑠璃王経』（大正14、p.783中）にも同様に記されている。ただ『出曜経』には、同じエピソードを語りながらも、ヴィドゥーダバ王はマハーナーマの自死を知って、後悔の念を起こしたのではなく、逆に激怒して須陀洹果（預流＝阿羅漢果に至る最初の修行段階）を得た七万のシャカ族を地に埋め、象に踏み殺させたとある（大正4、p.624中）。また『義足経』「維楼勒王経」（大正4、p.188上）および、『六度集経』「釈家畢罪経」（大正3、p.30中）にも同様に、マハーナーマの自死に逆上した流離王がシャカ族を皆殺しにしたとある。

一方、パーリ資料によれば、このエピソードが全く別の文脈において語られる。マハーナーマはヴィドゥーダバ王の母方の祖父に当たる。祖父を捕えたヴィドゥーダバ王は親族の情から彼を保護し、共に食事をしようとした。ところが、クシャトリア（刹帝利）は婢女とは一緒に食事をしない。当然、婢女が生んだ子（孫）とは、死んでも食事を共にしない。それ故に、ヴィドーダバ王から会食の申し出を受けた彼は「刹帝利というものは、命を捨てても婢の子とは共に食事をしない」と宣言して、池に身を投じたとする（*Dhp-A.* I, p.359）。

結果や動機は経典によって区々だが、マハーナーマの自死もまたシャカ族の伝統精神を反映する象徴的行為として記録されている。先に見た不殺生戒に殉じたシャカ族の応戦ぶりも含めて、これらは漢訳・パーリ資料とも共通して伝えていることであってみれば、そこにある程度の歴史的事実を認めていいのかもしれない。

ここで付言すれば、この武力衝突の一方の当事国であるコーサラ国は、マガダ国と並んで釈尊の一大活動拠点であって、当然のことながら、ヴィドゥーダバ王の周辺にも多くの在家仏教者がいた。(1) 彼らが、仏教者として王命にどのように対処したか。『増一阿含経』は、その代表的な人物として、祇陀太子のエピソードを記している。祇陀はヴィドゥーダバ王の兄で、彼の園林（祇陀園）に須達長者が精舎を建て寄進したこと、さらに東宮において仏の教えを喜んで学んだことは、『法句譬喩経』（大正4、p.590下）など多くの漢訳・パーリ資料が伝えている。[2] 祇陀がヴィドゥーダバの挙兵に対して抵抗した形跡は見られない。しかし「衆生の命を殺害することに堪えず」と言って、終始、非協力的な態度を貫いた。そのために凱旋したヴィドゥーダバ王に斬り殺される。釈尊は、その祇陀が命終して三十三天に生まれ、五〇〇人の天女とともに楽しく暮らしている様子を天眼によって観察し、「人天中に福を受けるは祇陀王子の徳なり」（『増一阿含経』〈大正2、p.692中〉）と称えている。つまり、祇陀が見せた無抵抗非協力の態度もまた、仏教の理念に反した王権に対する、仏教者の一命を賭した選択肢であった。

3　インド思想と不殺生

これまで、武力衝突に巻き込まれた際のシャカ族の応戦ぶりを見てきた。この伝承の特質は何と言っても、釈尊の説く不殺生戒という「戒」の実践・応用とも言える非暴力抵抗や自己犠牲といった高度な倫理闘争を主題に置いたところにあった。確かに、不殺生戒は出家・在家を問わず、仏教者として遵守すべき第一の実践的倫理課題ではある。仏教のみならず、不殺生（ahiṃsā）という教えは、広く古代インドにおける一般的な倫理的課題でもあった。それは、正統派であるヴェーダ思想にあっても、仏教やジャイナ教などの脱ヴェーダの沙門思想にあっても重要な位置を占めていたことはよく知られている。

そこで、ここでは、古代インドにおける不殺生という倫理的実践課題を比較文化論的に考察し、その過程を通して、仏教という宗教がどのような倫理観に立ち、「戒」としての非暴力思想を構想していたかを明らかにしてみたい。まず第一に、正統派ヴェーダ思想に属する『バガヴァッド・ギーター』の倫理観を取り上げ、仏教との関連を検証する。次いで第二に、同じ沙門宗教であるジャイナ教の非暴力・不殺生の思想がもつ倫理性を仏教のそれと対比させながら検証する。そして第三に、仏教内部の問題として、特に在家信者が遵守すべき不殺生戒が非暴力という生き方とどのように結びついているのかを検証する。

二 『バガヴァッド・ギーター』と仏教

1 アルジュナの懐疑

『バガヴァッド・ギーター』(3)(以下、『ギーター』と略す)は、パーンダヴァ軍の勇士アルジュナと、人間の姿を帯びた御者(実は絶対的な人格神)クリシュナとの対話を中心に構成されている。二人の対話は、同族同士が敵味方に別れて、まさに戦闘を開始しようとする直前に行われる。アルジュナは、敵方の布陣の中に自分の師や親族、親友・知人の姿を認めて激しく動揺し、戦意を喪失する。武器を棄て、彼らを殺すことよりも、彼らに殺されることを望んだのである。そうしたアルジュナの厭戦感を知ったクリシュナは彼を鼓舞し、勇猛果敢な戦士として敵陣に向かわせる――『ギーター』は、そんな筋書きをもとにして、己に与えられた義務を果たすことが解脱に至る直道であることを説き明かしていく。

『ギーター』の主題は、クリシュナの教えの中にある。つまり、彼が説くところの、行為＝カルマ・ヨーガを基軸にした解脱の書、信仰の書として読まれてきた。シャンカラやラーマーヌジャのような伝統的な『ギーター』の注釈者をはじめ、多くの研究者はそのように読み、理解してきた。しかしながら、『ギーター』は対話の書でもある。そこで、もう一方の話し手であるアルジュナの存在を等閑視することなく、両者の人格的対決を通すことによって、改めて『ギーター』の主題に迫ろうとする研究者も少なくない(4)。

確かに、もし仮にアルジュナの懊悩が設定されていなければ、『ギーター』の思想には、非暴力・不殺生といった倫理的課題が発生する余地は全くなかったように思われる。実際、絶対的な人格神たるクリシュナは、アルジュナに対して自身の親族や友人・知人を殺すことを命じるのである。平和の尊さを教える代わりに、戦争を正当化し、「正義の戦争」における殺戮行為は解脱に通じるという、何とも奇妙な聖戦の論理を説いたことになる。

何よりも、クリシュナの教える生命観である。身体は滅びるが、その主体（個我）たる霊魂は不滅である。「身体が殺されても、彼は殺されることはない」（II-20）。だから、戦場で敵の身体を殺傷したとしても、その人を殺したことにはならないのであって、アルジュナは嘆くべきでない事柄を嘆いて見せているに過ぎないということになる。

しかし、それでもアルジュナの懊悩は続く。「ああ、我々は何という大罪を犯そうと決意したことか。王権の幸せを貪り求めて、親族を殺そうと企てるとは」「もし、ドリタラーシトラの息子たちが、合戦において武器をとり、武器を持たず無抵抗の私を殺すなら、それは私にとってより幸せなことだ」（I-45, 46）。これは、気の弱さ、勇気のなさから起こる厭戦感といったものではなく、確乎とした不戦思想からの現実への懐疑として理解されるべき声であろう。

かくして『ギーター』は、一八の章を費やして、アルジュナの懐疑を解きほぐしていくのだが、そこに展開されるクリシュナの教えとの関係で言えば、アルジュナの懐疑は物質に対する反物質のような存在である。反物質は極少ではあても、それがなければ物質は成立しない、そのような関係性によって『ギーター』の世界は構成されている。

アルジュナが表明した不戦の決意は、仏教の不殺生戒に殉じたシャカ族の決断と軌を一にしている。戦争という非倫理的な情況に直面して、殺すことによって解脱に至るか、殺されることによって解脱に至るか――もとより、そんな単純な二者択一の問題ではないが、少なくとも『ギーター』の作者は、仏教（ジャイナ教などの出家宗教を含む）を意識し、そこに説かれる非暴力・不殺生の倫理思想に反物質的存在感を認めていたことを、ここでは指摘しておきたい。

2　カルマ・ヨーガと「行為の超越」

クリシュナの教えの核心は、何と言っても行為理論としてのカルマ・ヨーガの実践にあった。カルマ・ヨーガとは、詰まるところ、欲望や愛着を伴わない行為、結果（果実）を求めない行為、つまり純粋に行為のためにのみ行う行為を言う。「あなたの職務は行為そのものにある。決してその結果にはない。行為の結果を動機としてはいけない。また無為に執着してはならぬ」「執着を棄て、成功と不成功を平等（同一）のものと見て、ヨーガに立脚して諸々の行為をせよ」（II-47, 48）。このように、行為の結果を動機としない知性を確立することを「知性のヨーガ」と呼んでいる（II-49）。

『ギーター』はウパニシャッド以来の伝統思想を踏まえて、欲望が諸悪の根源であることを認めている。しかるに「無為に執着してはならぬ」とも言う。離れるべきは欲望であって、行為そのものを放棄しては何も生まれない。行為を漢訳仏典は「業」と訳しているが、これには行為の残す潜在的な余力（業力）という意味が含まれており、初期の仏教やジャイナ教にあっては、そうした業因・業果のもとである世俗的な行為そのものを棄てることをもって解脱を目指した。カルマ・ヨーガは、そのような出家主義的な行為の放棄を強く否定し、あくまでも世俗社会の行為のなかにこそ解脱の道が開かれると主張する。

行為の放棄ではなく、一切の欲望を放棄した行為は「行為の超越」（III-4）とも呼ばれ、それが行為者の達する最高の状態であるとされる。「執着することなく、常に、なすべき行為を遂行せよ。実に、執着なしに行為を行えば、人は最高の存在に達する」（III-19）。クリシュナがアルジュナに教えたカルマ・ヨーガという名の社会倫理とは、そのようなものであった。

執着することなく、なすべき行為を為せ、というクリシュナの教えは、カントの定言的命法(5)と比較して論じられることが多い。純粋で、絶対的な義務からの行為のみを行えということだが、アルジュナにとってそれは、四姓制度のうち彼が属するクシャトリア（王族・貴族）の勇士としての義務であると明かされる。四姓制度については「私は要素（徳性）と行為を分配して、四種姓を創造した」（IV-13）とあり、神によって定められたものとされる。それは「自性によって定められた行為」（XVIII-47）とも呼ばれ、神によって定められたところの、生まれながらの自己の義務――アルジュナが属するクシャトリアという階級に基づいた行為＝義務に殉じることを意味する。そして、「勇気、気力、堅固、熟練、戦闘において逃亡せざること、布施、支配」がクシャトリアの本性から生じた義務とされる（XVIII-43）。したがって、正しい戦争に勝利すること（II-31）こそが、アルジュナのなすべき行為であって、戦争という行為の放棄は恥であり不名誉の誹《そし》りは免れないことになる（II-34）。もはや、戦争行為――それは、自身の師や親族、友人・知人を殺害するということに他ならない――を放棄することは認められない。アルジュナはさらなる懐疑に苛まれる。

「クリシュナよ、もし行為より知性が優れていると考えられるなら、何故あなたは、私を恐ろしい行為に駆り立てるのか」（III-1）。行為の果実（結果）を顧慮することなく、無私の精神を獲得する知性を確立することの重要性は、すでに教えられてきた。しかるに、無私の精神で戦い、殺戮《さつりく》を行うことに、どのような意味があるのか。この深い苦悩の底から発せられた問いに、聖クリシュナは遂に答えることはなかった。

3　バクティ・ヨーガへの飛躍

クリシュナがアルジュナに命じたのは、クシャトリアという階級の義務を、神が定めた義務なるが故に行えという一事に尽きる。『ギーター』の論理は、したがって、インド的な階級制度を代弁するものとして理解される。とまれ、四種姓は神自身が創造したものであった。そこで、聖クリシュナは苦悩し逡巡するアルジュナに対して、改めて戦場に立つことを促す。「すべての行為を私のうちに放擲《ほうてき》し、自己に関することを考察して、願望なく、『私のもの』という思いなく、苦熱を離れて戦え」（III-30）。ここに言う放擲（saṃnyāsa）とは、行為そのものの放棄ではなく、行為の果実を神に委ねることを言っている。我欲を離れ、行為の結果を神に委ねる――つまり、すべての行為を神に捧げる祭祀として行うべきであるというのである。この「祭祀としての行為」は、『ギーター』のなかで繰り返し強調されている（III-9, IV-25～30）。これを逆に読めば、人は神によって定められた行為を為せ、という誡命でもある。そして、このような階級意識に基づいた聖戦論が、神の意志の反映として展開される。クシャトリアの義務が不殺生という人間性一般に通じる倫理的な大原則を超越するのは、その義務が実は神の行う義務であって、人間はその代行者であるに過ぎないからである。「立ち上がれ。名声を得よ。敵を征服して、繁栄する王国を享受せよ。彼らはまさに私によって、前もって殺されているのだ。

あなたは単なる機械（道具）となれ」（XI-33）。すべての行為は、神が人間の内にあって、神がみずからの行為として行っている。人間は神の道具であり、手段に過ぎない。「ドローナ、ビーシュマ、ジャヤッドラタ、カルナ、及びその他の勇士たちは、私によって殺されているのだから、あなたは彼らを殺せ、戦慄《おのの》いてはいけない。戦え」（XI-34）。

ここは、とくに注意を要するところだが、この展開——いわゆるカルマ・ヨーガからバクティ（親愛・信仰）・ヨーガへの展開には大きな飛躍がある。そして、その飛躍は倫理的価値の判断停止によって行われる。『ギーター』は、これを「窮極の秘密」とする。「一切の義務を放棄して、ただ私のみに庇護を求めよ。私はあなたを、すべての罪悪から解放するであろう」（XVIII-66）。あるいは、こうも言っている。「たとい極悪人であっても、ひたすら私を信愛するならば、彼はまさしく善人であるとみなされるべきである。彼は正しく決意した人であるから」（IX-30）。一切の義務を放棄して——つまり、一切の行為の果実を放擲して、神にバクティを捧げる者は、善悪から解放され、解脱に至る。過去遠々劫からの無限の行為の結果も、これから生み出される未来の行為の結果もすべて、神に委ねて、庇護を求める。そのとき神は、カルマの法則による業因業果や生死輪廻の苦もすべてを引き受け、人間を解放するのである。ここでは、戦場で人を殺すのがよいか、殺されても殺さないのがよいのかといったアルジュナの倫理的ジレンマは、完全に棚上げにされてしまっている。このようにして、アルジュナは絶対的な神との絶対的関係に入ることにおいて解放され、再び勇士として戦場に立つことになる。

以上、『ギーター』の概要をなぞり、そこに見られる倫理観の検討を試みた。

殺すなかれ――これは、正統派ヴェーダ思想にも、仏教やジャイナ教などの出家思想にも通じる倫理上の大原則である。『ギーター』にも、それは貫かれている（XII-13, XIV-25など）。個人としては、蟻の子一匹殺さない不殺生を自らの生き方として遵守しつつ、しかし、その一方で義務として殺人を行う場合がある。国家・民族・階級が命じる戦争もあれば、神が命じる戦争もある。その場合、殺人者は英雄として称賛され、あるいは解脱が約束される。戦場に立つアルジュナの躓きの石が、それであった。最高神たるクリシュナは、自分への絶対的な帰依心・献身を代償として、その躓きの石をそっくりそのまま神の問題として引き取ったのである。こうした神の恩寵への信仰に立ってしまえば、殺すもよし、殺されるもよしである。倫理的にも理性的にも清廉潔白、一切ごまかしのない勇士として、アルジュナは戦場に立つことができる。

クル族の王ドリタラーシトラに戦況の報告を命じられた御者のサンジャヤは、二人の対話の一部始終を聞き終えて、こう確信する。「ヨーガの主であるクリシュナがいる所、弓を執るアルジュナがいる所、そこには幸運があり、勝利があり、繁栄があり、確固たる政策がある」(XVIII-76)。

これは、言うまでもなく、王への戦況報告であって、一族の繁栄のための政治戦略上の視点に立った結論である。『ギーター』の作者は、こうしたサンジャヤの確信の言をもって結びとした。

『ギーター』において説き明かされる「窮極の秘密」のヨーガとは、最高神への帰一であり、その境地に至る「放擲のヨーガ」であった。人間の営みのすべてを絶対者たる神に捧げる――つまり「祭祀としての行為」の自覚である。世俗社会の真っただ中にあって、自分に与えられた職務を遂行しながら、しかも、その行為の中にこそ宗教的救済が完成する。これが『ギーター』の世界だが、これを仏教やジャイナ教の出家主義と比較することにはあまり意味はないだろう。比較するとすれば、同じクシャトリア(刹帝利種)に属するシャカ族の、在家の仏教者としての行為と救済の関係である。シャカ族は、殺されても殺さないことによる救済を選んだ。これがアルジュナの懐疑に繋がっている。しかるに、聖クリシュナは、その懐疑には直接答えることはなかった。『ギーター』の作者は、アルジュナの懐疑にはその意味を認めず、サンジャヤの言葉に倣って言えば、そこには悲運があり、敗北があり、滅亡があり、確固たる政策の不在があると言いたかったのであろう。少なくとも、『ギーター』は一族の繁栄に向けた政治の書として書かれたのであって、決して解脱の書として書かれたものではないということが、ここから読み取れる。

三　ジャイナ教と不殺生・非暴力

1　解脱への必要条件

ジャイナ教が、不殺生・非暴力を最高の倫理的価値として、その厳守を極端なまでに強調する宗教であることは、よく知られている。ジャイナ教の教えるところによれば、人間を含めて、動物、植物、微生物に至るまで、生きとし生けるものすべてに対する殺傷行為を拒否するだけでなく、人間の為すあらゆる行為・振る舞いから「暴力性」を排除することが、みずからの霊魂を解放し、解脱に至る必要条件とされている。実際、最初期の聖典には、霊魂に影響を与える一三種の行為が記されているが、そのうち一二種が殺生・暴力に関する行為で占められている(6)。

ジャイナ教の教義の全体は七つの基本的な「真実」によって要約される。つまり、①霊魂、

②非霊魂、③業の流入、④束縛、⑤防御、⑥止滅、⑦解脱、の七つを「真実」とし、それらに対する、正見・正知・正行が解脱に至る道であるとされている。

霊魂は感覚や意識を具えた生命原理を言い、アートマン（我）やプルシャ（精神原理）と類似している。その本質は精神作用であると考えられている。非霊魂は非精神、非感覚的なものの原理を言う。これには、運動する条件と静止する条件をもった物質、時間、空間が、その構成要素として含まれる。このうち、不殺生・非暴力との関係で言えば、「物質」の役割と機能が重要な意味をもつ。この物質は原子的構造をもち、「最も微細な物質」と呼ばれるが、それが霊魂に流れ込み、業を形成する。すなわち、業とは、霊魂に流れ込んで、それに付着する微細で目に見えない物質を言っている。ジャイナ教では、業を精神的なものではなく、あくまでも物質的・実体的なものと見ている。これはジャイナ教に特有の考え方である。

このようにして、流入した物質＝業が霊魂を覆い包み込むほどに付着し、その本来の働きを妨げる。この状態が「束縛」である。なかでも、殺生・暴力という行為・振る舞いは、霊魂に悪影響を与える大量の物質（業）の流入、蓄積に繋がる。そこで、殺生・暴力の排除は、その流入を「防御」するための必要条件とされ、さらには付着した物質（業）を分解・破壊し「止滅」に至らしめるための苦行・禁欲生活が強調されるところとなる。

ジャイナ教にあっては、業は物質との結びつきにおいて存在する。霊魂に引き寄せられた物質は、そのままでは業ではないが、流入によって物質が業に変わる。その際、物質を引き寄せる働きは、霊魂が身口意を使うことによって生じる。つまり、行為（ヨーガ）である。端的に言って、物質は霊魂の行為によって業となり、それが霊魂そのものを束縛するのである。本来、霊魂は存在論的には正しい行為・振る舞いをする能力を有しているが、しかしながら、世俗の人間にとっては、その霊魂の本来の性質は過去遠々劫からの行為によって汚染され、本来の働きは制御されている。それ故に、霊魂が本来もっている性質に従って行為が行えるように、霊魂を物質（業）から解放する必要がある。ジャイナ教の禁欲主義は、そうした教義的背景をもっている。[7]

ジャイナ教にあっては、正しい信仰（正見）、正しい知識（正知）、正しい振る舞い・行為（正行）が解脱への道であるとして、これをもって「三宝」としている。このうち、正しい振る舞い・行為＝正行とは、基本的には、出家修行者の禁欲生活を言うが、在俗信徒もまた、世俗の生活の中で同様の指針に則って自身を順応させることが求められる。[8]

ジャイナ教は、その最初期から不殺生・非暴力に特化した教義をもっていた。もとより、殺生の戒めは、古代インドにおける出家沙門道の伝統であって、正統派バラモン教の遍歴行者もまた殺生の戒めを唱えていたことは、ジャイナ教も仏教も伝えている。[9] しかし、ジャイナ教にあっては、それが突出している。不殺生・非暴力という倫理的価値をジャイナ哲学の中核に置き、長い年月をかけて、その諸相に関する緻密かつ精密な教義を創り上げている。そうしたジャイナ教の特質を評して、中村元は「生命を尊重し、生きものを殺さぬ、という理想を徹底的に実行したという点では、ジャイナ教は諸宗教のうちでも最上位に位置するといえよう」と述べている。[10]

2　不殺生戒の徹底

ジャイナ哲学は不殺生・非暴力という倫理的価値を中核に置き、それを解脱に至る必要条件とした。しかも、その実践は極端なまでに徹底して要求されている。そのようなジャイナ哲学における不殺生戒の徹底ぶりは、しばしば仏教との比較において、その意義が論議の対象とされてきた。

仏教との対比で言えば、何よりも動機論を導入するかどうかで、大きな違いを見せる。仏教は殺生の罪を問う際に、殺意があったかどうかといった動機を重視するが、ジャイナ教では殺意の有無は関係がなく、つまり動機がどうであれ殺生は殺生として無条件に禁じている。実際、ジャイナ教にあっては、聖典（一二アンガ）の一つ『スーヤガダンガ』において、仏教は故意ではない殺生は罪には問わないが、そのような教義を教える者、またそれを信じる者は、ともに誤りをもたらし、善きものではない、と仏教批判を展開している。[11] 確かに、仏教は殺意をもって生き物の生命を奪うことを禁じているのであって、無条件の禁止事項ではなかった。[12]

『スーヤガダンガ』は続けて、次のように言う。「空中、地中、地上において動く生きもの、動かない生きものの本性を知る人は、それらを殺害することを恐れ、悪しき行為から離れた人となり、いかなる罪も犯すことがない。ただ尊敬に価しない人のみが、そのように言えるのである」と。文中、「ただ尊敬に価しない人のみが」云々とあるのは仏教徒を指し、殺意を伴わない殺生は免罪とするといった仏教の動機論を一蹴している。もとより、これには仏教者側の反論もある。例えば、施主が出家者に食べ物を布施したとして、それを食べた出家者が病気になり死んだ場合、その施主は殺生の罪を犯したことになるのか。あるいは、医師が治療の目的で外科手術を施したとして、その技術が及ばず患者が死んだ場合はどうか、等々（『阿毘達磨倶舎論』〈大正29、p.86中 - 下〉）。要するに、ジャイナ教にあっては、直線的な物理的因果関係においてのみ殺生の罪を考えている。それでは、たとえば非情の木材であっても、家屋が倒壊して人の命を奪うことがあるが、この場合、木材にも殺生罪を適応させることになる。このように、動機論を用いない殺生罪は不合理であって、そもそも成立しない、というのが、仏教者側の反論であった。

殺生罪に動機論を導入するかどうかの違いは、仏教とジャイナ教の業報観の違いに結びついている。先に触れたように、ジャイナ教では、業を精神的なものではなく、あくまでも物質的・実体的なものと見ている。つまり、業は物質との結びつきにおいて存在するのであって、霊魂に引き寄せられた物質は、そのままでは業ではないが、流入によって物質が業に変わるとされている。このような物質→業の考え方からすれば、その応報観も物理的な因果関係によって規定されることになる。したがって、霊魂を業から解放する解脱の実践もまた、そのような物理的因果の法則に則ってなされる必要がある。そこには、動機論による情状酌量の余地はない。一方、仏教は「ものごとは心にもとづき、心を主とし、心によってつくり出される。もしも汚れた心で話したり行ったりすれば、苦しみはその人につき従う」(*Dhp.* 1) として、すべての事象の基因を「心」に求めている。当然、殺生罪においても動機論が重視されることになる。

次に、ジャイナ教では、動かない生きもの (植物) もまた、動く生きもの (動物) と同様、不殺生戒の対象とされていることは注目される。ジャイナの古い伝承では、植物も人間と同じで、心をもつ生きものとして考えられていた。[13] このような植物も人間と同等の生き物と見做す生命観は、仏教には明確に説かれていなかったようで、当時のインドの人々から次のような仏教批判が寄せられていたことが、パーリ律『大品』には記されている。――釈尊の弟子たちは、冬でも夏でも、雨期でも、歩き回って緑の草を踏みつけて、一根の生命を害し、多くの小さな生き物たちを殺しながら、遊行している。一方、かの外道たち（ジャイナ教徒）は、悪法を説くが、安居にこだわって、準備をする（*Vinaya* I, p.137）。これは、釈尊の教団が安居の制度を採り入れる際の因縁譚として語られたものだが、ここには、殺生の罪を動物に限らず、植物にまでその範囲を及ぼしていたジャイナ教を範として、安居の規定を制度化した経緯が示されている。出家修行者の一般的な生活形態である遊行も、そのことによって緑の草を踏みつける。それは「一根の生命を害し」「多くの小さな生き物たちを殺す」ことになる。安居の規定の背景には、そうしたジャイナ教特有の生命観による自主規制があって、それを当時のインドの民衆も支持していたということであろう。シュミットハウゼンによれば、「一根の生命」という表現はジャイナ教の言い回しを連想させるものであって、仏教文献には馴染みがないという(14)。いずれにしても、植物を「一根の生命」として尊重すること、同時に、植物に依存して生きる小さな生き物をも尊重すること、そうした平等に徹した生命観は、ジャイナ教が先行して実践していた。

以上、ジャイナ教の不殺生戒の徹底ぶりを仏教のそれと比較して考察したが、これらを踏まえて言えば、ジャイナ教にあっては、人間の生命維持活動の基盤である食生活が極端に制限され、在俗信徒であっても出家修行者と同様、断食による餓死が理想とされるに至る。在家者であっても断食を行い、骨と皮になるまで身をやつれさせる、そうした苦行によって罪を滅し、超絶知を得ることができるという[15]。

仏伝資料によれば、釈尊は六年間にわたる苦行を「空中に結び目を作ろうとするような」無意味なものであって、解脱に至る道ではないと悟り、通常の食事をとるために托鉢に出かけたという（*J*. I, p.67）。この釈尊が苦行を捨てて托鉢に村や町に出かけたという伝説は、後に「不苦不楽の中道」論（『中阿含経』〈大正1, p.777下〉）として積極的に展開されるが、そこにはジャイナ教徒をはじめとする苦行者側からの非難への思想的対応という側面もあったとされている[16]。

3　供犠儀礼の拒否

ところで、ジャイナ教の不殺生・非暴力への志向は、ヴェーダの供犠儀礼への拒否から発生したとする見解が有力である[17]。バラモン教の祭祀では、犠牲獣を殺すことが社会通念として定着していた。神を喜ばせ、父祖の魂を喜ばせるために、生きものを殺す。つまり、殺生をもって無比の祝祭とするような宗教的儀礼に異議を唱えたのである。「それ（ジャイナ教の教え）をみずからの見解として奉じ、それを解脱とみなし、それを先導者となし、それを勧告者となし、それを住宅となし、自己を制して住し、心をくだき、進む道を検《しら》べて、生きものを殺さぬように心がけ、祭場の献供に遠ざかり、生きものを観じていくべきである[18]」。

そこには、殺生を無上の快楽とする人間性の根源に潜む悪への自覚があった。「かれは殺生をなして『殺して喜びあり』と考えている。愚人との交わりをやめよ。かれは自己のもつ敵意を増す。それ故に、きわめて智慧あるものを最上者と知って、苦悩を見る者として、悪というものをなさず、賢者は煩悩の絶頂とを避けよ[19]」。「生類を殺してはならぬ。殺させてはならぬ。他人が殺すのを容認してはならぬ。歓楽を断つべし。生きものを殺して楽しむことなかれ[20]」。

『ヴェーダ』、『マヌ法典』、『ダルマスートラ』、『マハーバーラタ』などに記される犠牲獣の献供——祝祭としての殺生が、社会的慣行として定着していたバラモン文化とは、とりもなおさず、殺生を快楽とする文化に他ならないと、ジャイナ教の先駆者たちは見抜いたのである。彼らによる不殺生・非暴力の極端なまでの強調は、裏を返せば、それがいかに根強いものであったかを窺わせる。

4　不殺生戒の厳守と王権

中村元によれば、ラージャスタン州のチットールの城塞には、ジャイナ教の篤信者であった国王が一二世紀に建てた戦勝記念の塔が現在も残存しているという[21]。ジャイナ教徒でありながら戦争を行い、勝利を記念する塔まで建てたのは何故か。こうした問いに関して、中村はマックス・ウェーバーの次のような見解を紹介している。「ジャイナ教が若干の王国において公式の国家宗教となるにつれて、一つの適応が生じたに違いない。（中略）軍隊については、古代キリスト教がそうしたように、一つの通風弁が作られねばならなかった。したがって、訂正された教説によれば、国王と戦士は『防衛戦争』を行い得た。そこで、古い戒律は再解釈されて、俗人は、武装した敵を殺すことを、ではなく、『より弱い』存在を殺すことだけを禁止されているというように改められた[22]」。ここで、ウェーバーが言っている古代キリスト教の用いた通風弁とは、アウグスティヌスが『神の国』で説いた、「殺すなかれ」というモーゼの律法に関する例外事項を指している。そこでは、神の命令による戦争、あるいは公権力（国家）の命じる戦争や死刑は、誡命に反するものではないとされている[23]。この例外事項を注釈した矢内原忠雄は「（キリスト者として）地上の国の権力に服従することは、個人のこの世的な義務であると共に、神に対する義務でもある」「国家に服従することが、原則的に我々の義務である」と述べている。[24]

こうした国家への服従という姿勢は、ジャイナ教の歴史にあっても、最初期から一貫している。[25]不殺生・非暴力を極端なまでに強調するその教義からして、武力や暴力を組み込んだ公権力との拮抗は当然あったと思われるが、そのような場合の見解は不明である。のちに、ジャイナ教徒の構成する共同体は、カーストの一つとして受容され、みずからもヒンドゥー教の諸儀礼を取り込んでヒンドゥー教の一派を名乗るようになるが、それはとりもなおさず、国家への服従、世俗社会の制度や慣習への順応を最優先に、教義の社会的適応を巧みに行ってきたことを物語っている。

四　仏教における不殺生戒と非暴力

1　「戒」としての不殺生

武力衝突という非常事態にあって、シャカ族は殺されても殺さないという非暴力抵抗の生き方を貫いた。自衛のための武力行使まで放棄したのである。こうしたシャカ族の実践的倫理思想の源泉をどのように解釈するかである。各伝承は明確に二つの流れを示している。一つは、釈尊の教えである不殺生戒を遵守するという宗教的実践としての理解であり、もう一つは、「始原の刹利種」（*DN*. I. p.115）たるシャカ族固有の血統的神話に起源をもつクシャトリアとしての職務倫理である。そしてそこに、両者を巧みに織り交ぜながら、世間と出世間とを繋ぐ救済のあり方を暗喩するという、重層的な説話構造を読み取ることも可能である。

実際、シャカ族が非暴力抵抗を貫いたのは種族の総意によるものであって、決して不殺生という「戒」を教条的に受け入れたというものではなかった。先に見たように、当事者たちが協議を行い、最終的には籤による決裁方法が用いられている。もとより、仏教には波羅夷罪における「断人命戒」をはじめとして、殺生を禁じた戒律が制定されている。しかし、それらの戒律規定はあくまでもサンガという出家社会に向けてのものであって、一般世俗社会を想定して定められたものではない。早い話が、在家信者（優婆塞・優婆夷）が殺生戒を犯しても、それを罰する規定が律蔵に定められているわけではない。出家比丘が殺生戒を犯せば波羅夷罪（パーラージカ）が科せられる。これは教団から永久に追放される罰則であって、世俗の刑罰の「断頭」に比される最も重い罰則である。在家信者にも、それに相当する「覆鉢《ふはつ》（パッタニックジャナ）」という罰則規定が定められている。これは托鉢の拒否、つまり出家者がその家に乞食に行くことを拒否するという規定である。覆鉢に処せられた在家者はサンガに足を踏み入れることも許されない。言うなれば、教団全体から絶縁されるという罰則であるが、在家者が殺生戒を犯してもその重罰に問われることはなかった[26]。

したがって、武力攻撃を受けたシャカ族が、釈尊の定めた不殺生戒を遵守したと言っても、それは他律的・強制的な律蔵の規範に従ったのではなく、シャカ族が釈尊の教えをもとに自らの自由意思によって自律的・自立的に選択したところの、種族の「掟」として機能させたということである。

パーリ資料によれば、シャカ族を指して「正等覚者の親族たちは敵を殺戮しない者たち」と記されている（*Dhp-A*. I, p.358）。釈尊の親族として血縁的共同体を形成するシャカ族は、釈尊の教えを遵守して、敵であっても殺戮しない非暴力という生き方を種族の文化にまで深めていたことを言っているのであろう。

釈尊はこう教えている。「生きものを殺してはならぬ。殺さしめてはならぬ。他の人々が殺害するのを容認してはならぬ。世の中の強剛なものたちに対してでも、また怯えているものたちに対してでも、すべての生きものに対する暴力を抑えよ」（*Sn*. 394）。これは、在家者のダンミカに対して、在俗の信者が行うべき勤めを教えた八斎戒[27]の一つだが、ここで「暴力」と訳される「daṇḍa」とは、もともと杖とか棒を意味していて、いわゆる刑杖や軍棒（武器）を言ったものである。この教えによれば、仮に戦場であっても武器を用いて敵を殺害することは許されない。

さらに釈尊はこうも教えている。「生きものを害うから〈高貴な人〉なのではない。生きとし生けるものたちを害わないから〈高貴な人〉と呼ばれる」（*Dhp.* 270）。逆に「この世で生きものを害い、生きものに対して憐れみのない人は〈賎しい人〉であると知れ」「村や町を破壊し、包囲し、圧制者として一般に知られる人は〈賎しい人〉であると知れ」（*Sn.* 117, 118）。――生きものを殺害し制圧して凱旋する、戦争の勝利者を〈高貴な人〉とするのではない。たとえ敵対する存在であっても、すべての生きものにその尊厳性を認め、憐れみをもって害わず、共存の道を選ぶ人を〈高貴な人〉と呼ぶ。こうした不戦・非暴力の教えは、初期の経典の随所に見られる。

シャカ族は、この釈尊の教えを種族の規範として、不殺生の戦いを戦ったというのである。シャカ族はクシャトリア（刹帝利）の系譜を誇りとする種族であった。伝統的なヴェーダ信仰によれば、国王や貴族・武士の階級であるクシャトリアは戦場で敵を倒し勝利をもたらすことが職務であり、その職務を完遂することをもって正統な法の遵守者とされる。釈尊はそうした職務の在り方に倫理的課題を突きつける。先にも触れた戦士の生天問題である。戦士が戦場で死闘し、敵を打ち殺した、あるいは打ち殺されたとして、その勇敢な戦士が天に生じるとするのは邪見であって、邪見に惑うものは地獄に堕ちる（SN. IV, p.305）。釈尊の教えに従えば、クシャトリアが職務として戦場で敵を殺戮し、戦争に勝利すれば、それ故に〈賎しい人〉と呼ばれ、しかもそれが堕地獄の因を為すということになる。これでは、クシャトリアという階級はその存在意義を完全に失ってしまう。

もっとも、こうした釈尊の教えをもって、仏教が絶対的非暴力を主唱し、明確な反戦思想を説いたとする根拠と見做すのは早計であろう。[28] 第二章で検証したように、釈尊も教団も国家権力の行使としての戦争に対しては傍観者的態度を崩さず、何らの行動も起こしていない。場合によっては、相手国を征服するための戦略上の智慧まで貸している。要するに、戦争や戦場での殺戮を戒める教えはどこにも示されていないのである。ただし、宗教的権威を用いて戦争を賛美し、敵兵を打ち殺すことを推賞するような可戦論は邪見であるとして、釈尊はそれを排斥している。そこで、以上のような問題意識をもって、改めてシャカ族が属するクシャトリアの職務を釈尊の教えのなかに探ってみたい。

2　クシャトリアの職務

シャカ族は戦争を義務とするクシャトリアであって、四部兵を備え、それも弓術に長けた優秀な戦士集団を形成していた。にもかかわらず、シャカ族は種族の総意として不殺生という「戒」に殉じた。

仏教では、クシャトリアという種姓はバラモンを超えて四姓の最上位に置かれ、その尊貴性は随所で強調されている。[29] 釈尊によれば、クシャトリア（刹帝利、パーリではカッティーヤ）とは、本来的には「多くの田畑の主」を意味していた。[30] 実際、シャカ族は実質的には自衛のために武装した農耕民であったと伝えられている。これは、後に天眼第一と称されるアヌルッダ（阿那律）が出家するときのエピソードだが、アヌルッダは兄のマハーナーマから家業である農作業の次第についてこと細かく説明を受けている。その説明によれば、まず田を耕す、耕した後に種を蒔く。次いで、灌漑・排水を施した後に、除草する。稲穂が実れば刈り取り、収納する。稲穂は推して束にして打ち、藁を除き籾を取る。籾は簸《あお》ってぬかやチリを取り除いた後、蔵に収める。来る年も来る年も、同じ作業の繰り返しである。「（家の）業は尽きず、業の終わりを知らず。父も祖父も業尽きずして死せり」。決して「安易に五妙欲豊足全備にして喜楽」することはない――こうした兄の説明を受けて、アヌルッダは家業よりも出家を選んだという。[31]

そして、「田畑の主」であるクシャトリアの中から互選によって国王が選出される。国王の始祖とされるマハーサンマタ（摩訶三摩多）とは、「多くの人々から尊敬され、同意され、選ばれた人」を意味し、その職務とは「法によって人々を喜ばせる」ことにあると釈尊は説いている。(32)「田畑の主」として国土を豊かにし、法によって人々を喜ばす――クシャトリアの第一義的な職務とは、本来、そのようなものであった。

ところで、『長部』26「転輪聖王師子吼経」において釈尊は理想のクシャトリア・国王像を転輪聖王に託して説き、悠久の人類史を俯瞰《ふかん》しながら国王の資質がどのように国土の消長に反映するかを教えている。かつて一国の王であったダルハネーミは転輪聖王となって、四天下を征服し、よくその国土を統治して七宝を成就した。彼は豊かな財力と勇健雄猛な軍隊を擁して外敵を悉く撃破したが、転輪聖王となってからは「彼は、この地より四海の彼方に至るまで、刀杖を用いず、正法をもって制御し、統治せり」（DN. III, p.59）。天の輪宝を転ずる聖王、すなわち転輪聖王とは、武器や刑杖を用いることなく、専ら法による治国を行う為政者を指している。ただし、天の輪宝を転ずる聖王と言っても、その王位は遺産として継承されるものではなく、代々の王が自ら自覚的・内発的に天の輪宝を転じなければ国土は衰退してしまう。七代以降の太子はそれを怠ったために、人心は次第に荒廃し、ついに争いの絶えない「刀杖の劫」を招き、国力は衰微してしまう。その時、衆生の中から殺生を禁じ五戒を守る心が生じる。その衆生の善心に応じて、刀杖を用いず正法で統治する転輪聖王が再び出現する――。

このような構成をもった転輪聖王の説話だが、この説話は比丘たちに「自帰依・法帰依」の教えを説くために語られたとされている。経典の冒頭、「自らを島とし、帰依処とせよ、他を帰依処とするなかれ。法を島とし、帰依処とせよ、他を帰依処とするなかれ」という釈尊の遺訓の一つが配されている（*DN*. III, p.58）。この遺訓では、法を帰依処にすることの重要性と同時に、自らを帰依処とすることが強調されている。つまり、不殺生戒などの法を現実社会のなかでどのように具体化し実践するかは、自らの自立的・自律的な判断に委ねられているのであって、その意味で、一人の人間の自由意志が何よりも尊重されていることに着目しておく必要がある。そもそも、釈尊には「教師の握拳は存在しない」のであって、教団の指導者たる立場も釈尊自身によって否定されている[33]。言うなれば、仏教教団は教主といった宗教的権威を必要としない宗教組織であった。

この経典は、おそらくアショーカ王の事績を背景に編纂されたものと思われるが、彼は「法のアショーカ」と称されるように、マガダ国という一国の王の立場から、法によってほぼ全インドを統治支配した。アショーカ王の「法」とは、釈尊によって説かれたところの正しい法を指している。彼の発する詔勅はその政治的具体化であるが、そこにはアショーカ個人の個性が色濃く滲んでいて、その中心思想は彼個人に由来すると考えられている。つまり、アショーカ王は釈尊が説くところの法を根本に自身の自由意志でそれを政治の現場で具体化し、実践化した。したがって彼の発動する詔勅はあくまでも「王のことば」としての内発的動機をもつものであって、そこには宗教的権威を標榜するような神聖性は全く見られないという[34]。

そのようなアショーカ王の政治的態度を説話化したものが転輪聖王であってみれば、その主題である「自帰依・法帰依」の教えにも、それはよく対応している。それにしても、シャカ族が自衛のための武力行使まで放棄したとする伝承には、ここに述べたようなクシャトリア・国王の理想と一線を画するものがある。刀杖を用いず、法による統治——と言っても、それは侵略戦争の放棄を教えたものであって、大国の独裁的君主による軍事侵攻にさらされた弱小種族国家の武力行使にまで適応されるとは思われない。「クシャトリア（王族）の家に生まれた人が、財力が少ないのに欲望が大きくて、この世で王位を獲ようと欲するならば、それは破滅への門である」（*Sn.* 114）。これは、権勢欲に駆られた無謀な侵略的戦争を戒めた釈尊の教示であって、理不尽な攻撃を受けた場合の自衛的武力行使の放棄までは含んでいない。しかし、シャカ族は自己防衛のための武力行使まで放棄したのである。正しい法を説く釈尊の親族たるシャカ族が、不殺生戒に殉じたとするにしろ、クシャトリアという種姓の理想に生きたとするにしろ、それだけでは解釈しきれない、もっと何か別の内発的動機がシャカ族にはあったと考えざるを得ないのである。

3　釈尊の前生譚に見る「捨身」と不殺生

一般に、倫理・道徳や法は応報主義のうえに成り立っている。善因は楽果を生み、悪因は苦果を生む。これは、自然的世界における物理的因果性に対して、人間的世界における精神的因果性と言えるものであって、これがなければ人間世界の秩序も安寧も維持できない。つまり、因果応報の観念は、現実社会における人間の行動の一切を律する最も基本的な規範である。宗教もまた、基本的にはこの応報主義を基礎において成立している。[35]

仏教思想の最も基本的な教えとしてよく知られている「七仏通誡偈[36]」は、その端的な表れであろう。

諸悪莫作（諸の悪を作すことなく）
衆善奉行（諸の善を実践し）

自浄其意（自らその心を浄めること）
是諸仏教（これが諸仏の教えである）

この偈は、仏教教団の成立後、かなり早い時期に成立した『ダンマパダ』183にも記されており、出家・在家を問わず、仏道修行者の根本的な実践規範とされている。そして、それは世俗社会の倫理綱領と何ら変わることなく、いうなれば、人類共通の悲願として、いつの時代、どの社会にあっても、永遠・普遍的に求められる最も妥当な教えとも言える。

然らば、釈尊はどのような善行を積んでブッダ（覚者）となったのか。キリスト教などのように創造主としての神概念をもたない仏教にあっては、開祖である釈尊自身もまた、ブッダという悟りの境涯に至った積功累徳が問われる。それは現世に限らず前世にも及び、『ジャータカ（本生譚）』や『アパダーナ（比喩譚）』と呼ばれる仏伝経典を生んだが、そこにも明瞭な応報主義が貫かれている。

釈尊は、往昔、ディーパンカラ（燃灯仏、定光如来）のもとで修業したバラモンの青年であった。その時にその仏から記別を与えられたことが、それ以降の長い年月をかけた仏道修行の初めとされている。三阿僧祇劫にわたって生死を繰り返す間に、いわゆる十波羅蜜を完遂し、その功徳積善によって、シャカ族の王スッドーダナ（浄飯王）の王子として、都城カピラヴァットゥの郊外、ルンビニーの園で誕生。そして、ブッダガヤーの菩提樹下で縁起の法を悟り成道したという。これは、各仏伝に共通した記事である。

釈尊が修したとされる十波羅蜜――布施・持戒・出離・智慧・精進・忍辱・真実・決定・慈悲・捨――には、それぞれ「身命を捨てて」という必要条件が付されている。[37] つまり、ブッダになるための修行の根幹は「捨身」にあって、永遠の自己放棄こそ、仏道を成就するための必要条件であるとされている。

さて、こうした仏伝記事との交渉は、各種の経典に見られるが、シャカ族滅亡の伝承を載せる『増一阿含経』にあっても、それは濃厚にみられる。[38] 例えば、次のような記述がある。「我が如く、自ら昔日を憶うに、未だ仏道を成ぜず、菩薩行を修せしに、一鴿に由るが故に、自ら命根を投ぜり。如何に況や、今日、仏道を成ずるを以て、當に此の比丘に捨てんや」（大正2, p.766 下）。これは、釈尊が、重い病に臥せる一人の比丘を見舞ったときの話である。その比丘には世話をする弟子もなく、救護する同僚の比丘もいなかった。困悴しきった比丘は、ただひたすら仏を念じていた。天耳でそれを聞き知った釈尊は、諸坊を案行し、その比丘を訪なう。そのとき、釈尊はみずから手に箒をもって掃き、大小便で汚れた部屋を浄めている。さらに比丘を清水で沐浴させたうえ、座具を整え、新しい衣まで着せた。さらにまた、釈尊は手ずから食を与え、食べ終わった鉢器を片付けるという気配りまで見せている。そのような配慮を施したのちに、「汝、今當に、三世の病を捨てん」と力強く励まし、四聖諦の法門を説き聞かせるのであった。その振る舞いに接した毘沙門天及び釈提桓因（帝釈天）は、何故、如来みずからが、一人の比丘のためにそこまで手厚く尽くすのか、と問う。そのときの釈尊の答えが、先の一文である。

文中、「一鴿に由るが故に、自ら命根を投ぜり」とあるのは、釈尊が前世において、尸毘（迦）王であったときに、鷹に追われた鴿（鳩）のために、みずからの肉を割いて鷹に与え、鴿の命を救ったという前生譚である。(39) 釈尊は、そのような菩薩行を修して仏となった。したがって、仏道を成就した現世にあって、仏となった自身が為すべきことは、人々のために一身を擲って尽くすことであって、今一人の重病の比丘に手を差し伸べているのは、仏として為すべき当然の行為であると、釈尊は言っている。釈尊は、「その病者を瞻（み）ることは、我を瞻るに異ならず」として、こんな偈を説いている（大正2, p.767中）。

設有供養我　及過去諸仏

施我之福徳　瞻病而無異

一人の病者を看る福徳は、釈尊及び過去の諸仏に供養する福徳と異ならない、というのである。ここにおいて、「捨身」という菩薩行は、病者・弱者への献身という倫理的な生き方に転換されている。これは、この経典の編纂者の新たな解釈によるものであろうが、それが民衆の救済という菩薩行の観念を創出する契機となり、大乗思想の興起と連動していくことにもなる。(40)

しかしながら、ここで見落とせないのは、菩薩行のなかに、倫理的な生き方への転換が不可能な場合が、少なからず認められることである。たとえば、過去仏の一人であるマンガラ仏が王子として菩薩行を修していた時に、バラモンの姿に変身した夜叉の求めに応じて、二人の子供を布施し、食らわせる話がある。(41)夜叉は王子の眼前で、鮮血を滴らせながら二人の子供を食うが、菩薩である王子はそれを見て微動だにせず、「大変良い施しをした」と喜悦したという。仏になるための菩薩行として、我が子（妻を含む場合もある）を施すという前生譚は、名称や状況設定を変えながら、諸経典に継承されている。(42)

愛すべき妻子の命を犠牲にすることによって成る仏とは、いったい、どのような内実を獲得した仏なのであろうか。その応報観が気になるところである。さらに言えば、先のマンガラ仏はまた、自身の身体に火を点け灯明とし、ある仏の塔廟を照らしたとも記されている。いわゆる焼身供養だが、その徳行によって「毛の穴さえも熱くならなかった」とあり、この話をもとに説法した世尊は「実に徳行は徳行を行う者を護り、よく行われた徳行は安楽をもたらす」と説いたとされている。徳行を行う菩薩は、たとえ焼身供養をしたとしても、その身は護られ、一方、施しの対象にされた二人の子供は、夜叉に食われてしまう。こうした菩薩行の在り方には、倫理的な生き方への転換の契機は全く見られない。しかし、これもまた仏教が説くところの宗教的な生き方の一つの典型である。あるいは、そのような理性的解釈を拒絶する前生譚にこそ、仏教という宗教の本質が秘蔵されているのかもしれない。

自身の身命を捨てるのみならず、我が妻子を殺させてブッダになったとする前生譚が、不殺生戒を説く仏教教団の内部で、いつのころからか創り出された。「生きものを（みずから）殺してはならぬ。また（他人をして）殺さしめてはならぬ。また他の人々が殺害するのを容認してはならぬ」（*Sn.* 394）。こうした殺戒を超越した菩薩行には、どのような応報観が予定されているのであろうか。

類例を求めるとすれば、キリスト教に「イサクの献供」[43]がある。アブラハムは、神によって、愛する一人息子イサクを燔祭の犠牲に捧げるよう命じられる。犠牲獣の代わりに、我が子を祭壇で丸焼きにして、神に捧げよ――これほどの不条理な命令を下す神とは、いったい何なのか。あるいは、「エフタの誓い」(44)を挙げてもよい。戦士エフタは、凱旋するとき、最初に出会ったものを神に犠牲として捧げようと誓っていた。エフタが真っ先に出会ったのは、父を祝福しようと飛び出してきた愛娘であった。そこで、エフタは娘を殺した。これは、神の命じる殺人ではないが、神との約束を果たした、嘉《よみ》すべき宗教的行為として記されている。

これらの説話は、いかなる説明も拒絶する。と言うことは、それは理性的でも、倫理的でもなく、したがって、普遍的要素は皆無だということになる。これを宗教的逆説と呼ぶとして、そこにあるのは神と自己の全く個別的な、絶対的関係における応報観のみである。先のマンガラ仏の菩薩行もまた、同じ文脈で考えられる。こちらは、子供の命を求めたのは夜叉だが、マンガラ仏の行為は仏に成るための菩薩行であって、そこには仏と自己との個別的・絶対的な関係においてのみ成立する応報観が予定されている。

シャカ族に話を戻せば、シャカ族は在家信徒として、みずからの決断において、釈尊との個別的かつ絶対的な関係に入ったのである。結果論からすれば、圧倒的な軍事力をもつ巨大王権によって一族が殲滅させられるという大惨事を招いたのだが、それは彼らが宗教的な生き方を全うした証でもあった。それはとりもなおさず、侵略攻撃にさらされた側、つまり被害者の側が、不殺生・非暴力を誓願し、加害者側の生命を護ったということでもある。それを、たとえば「実にこの世において、怨みに報いるに怨みを以てしたならば、ついに怨みの息むことがない。怨みを捨ててこそ息む。これは永遠の真理である」(*Dhp.* 6) といった訓戒に照応させてみれば、まさに道理のある方が償いをするのであって、理性的・倫理的立場からすれば、これほどの逆説はないであろう。こうした在家信徒の信仰実践の在り方は、それを傍観するしかなかった出家僧団に大きな衝撃を与えたと思われるが、態度は保留されたままであった。実際、この伝承を伝える『増一阿含経』をはじめ関説する各経典にあって、こうしたシャカ族の応戦ぶりについては、ただ事実の後追いをしているだけで、それをめぐる釈尊の教説や、教義上の解釈は全く加えられていない。

4 初期仏教教団と仏塔信仰

近年、古代インド仏教の研究は、インド考古学の深化を反映して、大きな変化を見せているという。なかでも、仏塔の存在の重要性が再評価され、とくに仏伝との関係において、古代インド仏教教団の景観を一変させているという。下田正弘は、「(従来の研究では) 仏塔はインド仏教の景観から消し去られつづけ、時代を下って仏教が大衆化するなかで発生したものか、

『正統』で『純粋』な僧院仏教の埒外にあるものとみなされてきた。だが考古学が示す古代インド仏教の景色には、歴史資料が確認される最初期から一貫して、僧院のみならずテクストをも包摂し、宗教、産業、文化諸活動のネットワークの中心に立って力を発揮する生きたブッダのごとき仏塔が歴然とある」と述べている。[45]

仏塔（ストゥーパ）と言えば、釈尊が八〇歳で入滅した時、その遺骨を祀るために建てられたことは、よく知られている。『長部』16「大般涅槃経」によれば、釈尊の遺体を荼毘に付し、盛大な葬儀を行ったのは、クシナーラのマッラ族であった。それも種族の祠堂であるマクダパンダナ（天冠寺）において、世界を支配する帝王の葬儀と同じ規模・様式で行い、四つ辻にはストゥーパ（仏塔）が建てられたという。さらに、遺骨は八つに分配され（他に遺骨を納めた瓶、残った灰も分配されている）、それぞれの種族の地でストゥーパが建てられ、祭られたとも記されている。[46] これらの釈尊の遺骨を祀る仏塔が、下田が言うように「生きたブッダ」として実働していたとすれば、それは、それぞれの地域共同体の精神的紐帯の中核をなす、重要な役割を担っていたと考えていいのだろう。

仏塔には、仏伝を素材にした彫像が刻み込まれている。この仏塔と仏伝の関係をことさら重視した下田は、次のように述べている。少し長くなるが引用する。「そもそも仏伝はブッダただ一人の生涯の物語ではなく、ブッダとともに生きる人々の共同体全体の物語である。菩薩に仕えていたものたちが菩薩と同一の世界に生まれ変わり涅槃への道をともに歩みつづけ、菩薩が仏となって道を完成するとき、そのものたちも同時に皆救われるように、完成された仏伝において仏と仏に出会うものたちは同一の世界を生きる不可分な全体となっている。仏塔はこうしたテクストとしての仏伝を外化した、建造物としての仏伝にほかならない。そこに表現されたものは、遥かなる過去から現在にいたるまで幾多の生涯を経てきた菩薩としての仏と衆生たちの壮大な世界物語である」。そして、そうした仏塔の構築は「いわば複合的主体によってなされており、活動はコミュニティの複合体によって支えられている。仏塔という祝祭の空間に入るものたちは、その参加をとおしてみずからが仏伝の一部に同化し、ともに仏伝を生きるものとなる」。さらにまた、仏塔は一挙に建造されたものではなく、順次、諸部分が増築され、その一つひとつの寄進には数知れない人々が関わり、巨大な仏塔として創成され続けてきたとして、「その行為は過去に終了したものではなく、現になされつつあり、さらに未来に向けてなされてゆく」。そこに「仏塔なる仏伝が、生きたブッダとして働き続ける所以がある」と下田は述べている。

いわゆる仏塔信仰がこのような内実をもっているとすれば、そこに形成される信仰共同体とは、釈尊の跡を継ぐことを理想とする、贖罪的信仰共同体であったろう。シャカ族滅亡の伝承は、そのような信仰共同体のなかで、模範的かつ典型的な信仰体験の先例として語り継がれてきたと考えられる。

釈尊の入滅後、遺骨の分配が行われた際、シャカ族もそれに名乗りを挙げている[47]。この記述以外、コーサラ軍との武力衝突以降のシャカ族の動向を伝える資料は見当たらないので何とも言えないが、少なくとも、種族が滅亡したという伝承は誇張であって、シャカ族が釈尊の遺骨を祭るストゥーパ（舎利塔）を建立するほどの勢力は保持していたことは間違いないのだろう。実際、二度にわたる大がかりな発掘調査によって、シャカ族の造塔は考古学的にも実証されている[48]。

シャカ族が建てたとされるストゥーパは直径三五メートル、高さ六・八メートルの大規模なもので、ネパールのタラーイ盆地・ティラウラーコートから南東二〇キロメートルにあるピプラーワーで発見された。周辺には、数基のストゥーパの跡や僧院の痕跡も確認されている。コーサラ軍の侵略で大打撃を受けたシャカ族が建てたにしては、想像を超える大規模な仏塔である。

これまでの発掘調査によって、このピプラーワーの塔は五〇〇年ほどの間に三段階の増広が行われていることが判明している。第一段階は、塔の頂上から六メートルの深さのところに、南北に区分された煉瓦造りの二つの部屋（ほぼ同じ大きさ）があり、それぞれの部屋から人骨の入った壷（舎利容器）と三個の皿（副葬品）が出土した。これらの出土品は西紀前五〜四世紀に年代づけられ、これはカピラヴァットゥのシャカ族の創建によるものと考えられている。第二段階は、頂上から三メートルから五・四メートル掘ったところに、堅く良質な砂岩製の巨大な石棺とともに、多くの副葬品を持った五つの舎利容器が発見された。これらは西紀前三世紀頃のアショーカ時代に属するものとされる。第三段階は、世紀後間もなく成立したクシャーナ王朝のものとみられる凍石製の壷が頂上から三メートルのところで発見された。

このピプラーワーのストゥーパが、シャカ族の建立した仏舎利塔に比定されるに至ったのは、出土した壷に「仏陀・世尊の舎利」と読める碑文が刻まれていたことによる。その壷は、先の第二段階の石棺に納められていた五つの舎利容器の一つだが、これまで、その碑文の転写・解読は多くの学者によって試みられ、原文からの訳によって、碑文の意味は大別して二つの説に分かれた。その一つは、釈尊その人の遺骨を祀るために、シャカ族の人々が奉献したとする説。もう一つは、シャカ族の人々の遺骨を祀ったものとみる説である。今日では、前者に解する学者が大半で、おおむね次のように訳されている。

「このシャカ族の仏陀・世尊の遺骨の容器は、スキティ（スキールティ）の兄弟たちの、彼らの姉妹たち、息子たち、そして妻たちが共同して奉献したものである」。

原文に「スキティ」とある言葉は、「よき名声をもてる」とか「誉ある」などの意味をもつ形容詞だが、ここでは固有名詞として扱われている。つまり「スキティ」と称されるシャカ族の特定の貴人――それは他でもない、シャカ族を束ねていたマハーナーマを指していると解されている。確かに、彼はコーサラ軍の侵攻に抗して、一身を擲って多くの一族を救った未曾有の族長であって、「よき名声をもてる」「誉ある」貴人と称されるに相応しい人物であった。したがって、ピプラーワーの塔はマハーナーマの兄弟をはじめ彼の血縁者たちによって奉献された仏舎利であるとする見解には説得性があり、今日の学説の主流となっている。(49)

この説は南伝の伝承資料にも対応している。『ダンマパダ』の註釈書によれば、カピラヴァットゥに攻め入ったヴィドゥーダバ王は「シャカ族を名乗る者はすべて殺せ。しかし、私の母の義父であるマハーナーマの血縁者たちは命を与えよ」と命じたとされている（*Dhp-A*. I, p.358)。つまり、シャカ族は乳飲み子に至るまで悉く虐殺され、その系統は断ち切られたとされる一方、マハーナーマの兄弟や血縁者たちに限って虐殺を免れ、生き延びたことも伝えられている。この伝承を踏まえて考えれば、ピプラーワーの仏舎利塔はマハーナーマの兄弟や血縁者が奉納・創建したとすることに違和感はない。

問題は、このストゥーパがはたして釈尊個人の遺骨を祀った舎利塔であったかどうかである。そう考えるには、不自然な点が少なくない。何よりも、最初にシャカ族が建造したとされる第一段階の遺構には遺骨を祀る二つの部屋があり、その二つの部屋にはそれぞれ舎利容器と副葬品が納められていたことである。釈尊個人の遺骨を祀るのであれば、一つの部屋、一つの舎利容器で十分である。なぜ、二つの部屋、二つの舎利容器を必要としたのか。しかも、発見された壺の中の副葬品には、女性の装身具や子どもの玩具などもあり、それらの多様な副葬品はいったい何を意味しているのか。

こうした不自然さを勘案すれば、この舎利塔は釈尊の遺骨を祀った仏舎利塔ではなく、マハーナーマをはじめとするコーサラ軍に虐殺されたシャカ族の人々の遺骨を祀ったものではないかという説も成り立つ。この説に立つ学者は、先の碑文を次のように訳している。「これは小さき妹たち、子どもたち、そして妻たちと共なる、よき名声をもてるものの兄弟たちの、すなわち、仏・世尊の親族の舎利の容器である」と。

いずれにしても、このストゥーパが釈尊ただ一人の遺骨を祀ったものとするには謎があまりにも多い。ただ、ここで言えることは、このピプラーワーのストゥーパは、釈尊とともに生きるシャカ族の人々の共同体全体の物語を含んだ舎利塔として創成され続けてきたらしいということである。乳飲み子まで虐殺されたと伝えられるシャカ族である。彼らは〝釈子〟として釈尊と一体的に祀られている。仏陀・世尊の遺骨を祀ったと考えるにしろ、マハーナーマをはじめとするシャカ族の子弟が釈尊の親族として祭られていると考えるにしろ、このピプラーワーの塔にあっては、シャカ族の人々は釈尊という仏の世界をともに歩む、言うなれば〝シャカ族仏〟として祀られたのであろう。

そして、この仏塔と祝祭の空間に入る者は、その参加を通して、釈尊とシャカ族の織り成す壮大な仏の世界の物語に加わり、解脱への道をともに歩み続けるのである。仏塔は〝生きた釈尊〟として働き続け、その信仰はシャカ一族の生活の全体の中核をなした。その活動の主体は、言うまでもなくマハーナーマの血縁者をはじめとする生き残ったシャカ族のコミュニティーの複合体であった。そして、仏塔への寄進は、その一つひとつが信仰のあかしとして現になされ、未来に向かってなされる。世代を超えて数多くの人々が関わり、五百年にわたって創成され続けたのである。

【註】

（1）中村元『ゴータマ・ブッダI』（pp.706-720）参照。

（2）赤沼智善編『印度仏教固有名詞辞典』「Jeta」の項（p.245）参照。

（3）ここでは、上村勝彦訳（岩波文庫、1992年）を用いた。以下、引用は同書による。

（4）赤松明彦は、その著『バガヴァッド・ギーター』（岩波書店、2008年）において、アルジュナの懐疑に身を寄せながら読み直す試みを行っている。また、金浩星は「Arjuna の懐疑に見られる意味」（『印度学仏教学研究』52-1）において、ティラク（Bal Gangadhar Tilak, 1856-1920）の解釈を引き継ぎながら、アルジュナの質問＝問題意識を重視し、その意味を問うている。

（5）波多野精一他訳『実践理性批判』岩波文庫、1979年（p.72）、参照。

（6）初期の聖典である12アンガに属する『スーヤガダンガ』（II-2）には、次のような行為が列挙されている。①意図的な殺生・暴力行為、②無目的な殺生、無意味な破壊、③武器を用いるなどの好戦的な殺生、④偶然の殺生、⑤誤解、憶測による殺生、⑥許されない取得のための殺生、⑦虚偽の言葉で起こる殺生、⑧憂鬱などの悪い気分から起こる殺生、⑨己惚れての殺生、⑩過当に罰する殺生、⑪欺瞞からの殺生、⑫貪欲から起こる殺生、⑬定められた行為――たとえば、日常の行住坐臥に慎重になること――による魂の幸福。以上だが、①～⑫までは避けるべき殺生・暴力行為の諸相であって、積極的に行うべき奨励事項は⑬の１項にまとめられている。詳細は、ジャヤンドラ・ソーニー「ジャイナ教における非暴力の哲学的正当性」（東洋大学『国際哲学研究』２号、三澤祐嗣訳）参照。

（7）ジャイナ教の教義に関しては、渡辺研二『ジャイナ教――その教義と実生活』論創社、２００５年（pp.152-218）を参照した。

（8）ジャイナ教の出家修行者には多数の戒律規定が制定されている。その基本となるものが、非殺生・非妄語・非盗・非淫・非所有の五大誓戒である。在俗信徒は、それを少し緩和した五つの小誓戒と、それに７つの付加的な誓いを加え、都合一二の在家の勤めが定められている。

（9）ジャイナ教の伝える『聖仙の語録』には、犬殺しの最下層民であったマーダンガとピンガという遍歴修行者が「一切の生き物に憐れみをもたらす」修行法を行じ、バラモンとして認められたことが記されている（註７『ジャイナ教――その教義と実生活』〈pp.228-229〉参照）。仏教でも同趣旨の話を伝えている（*Sn.* 137-139）。

（10）中村元『思想の自由とジャイナ教』（選集〈決定版〉10巻、春秋社、１９９１年〈p.611〉）。

（11）杉本卓洲『五戒の周辺――インド的生のダイナミズム』平楽寺書店、１９９９年（p.61）。

（12）『パーリ律』は、こんな事例を挙げている。――ある比丘が憂愁の思いに悩まされて、山に登って投身自殺を図る。ところが、下に籠師がいて、その上に落ちた。籠師はそのために死に、自殺を図った比丘は助かった。この場合、投身自殺を図った比丘は殺生罪が適応されるのかどうか。釈尊の答えは否であった。殺生戒を犯せば、教団追放という最も重い波羅夷罪に科せられるが、その比丘は自殺未遂が問われて突吉羅罪という軽罪に処せられただけで、籠師の生命を奪った殺生罪については殺意かなかったことを理由に不問に付せられている（*Vinaya* III, p.82）。また、『四分律』には「知らざるものは不犯なり」（大正22、pp.676下-677下）とあり、『五分律』では、ある比丘が蛇に向かって石を投げたところ、誤って人間に当たって殺してしまった事例を挙げ、この場合も「その人の死するは無犯なり」として、殺意のない殺人は不問に付されている（大正22、p.58中）。『根本説一切有部』でも同様に、殺意のない殺生の罪は免除されている（大正23、pp.652下-668下）。

（13）ジャイナ教白衣派の最古の聖典『アーヤーランガ』には「これ（植物）も生じる性質があり、あれ（人間）も生じる性質がある。これも成長する性質があり、あれも成長する性質がある。これも心あるものであり、あれも心あるものである」と説かれ、植物も人間も同じ生命体として考えられている（註7『ジャイナ教――その教義と実生活』〈p.227〉参照）。

（14）註7『ジャイナ教――その教義と実生活』〈pp.275-285〉参照。

（15）『アーヤーランガ』には「徐々に餓死の準備をすべき」ことが説かれている（註7『ジャイナ教――その教義と実生活』〈p.205〉参照）。ジャイナ教における餓死の理想は近年まで続いていて、例えばジャイナ教徒であったコーサンビー博士の父は晩年、断食によって死ぬことを望んだが、ガンジーの忠告によって思い止まり、ガンジーの建てたアシュラム（道場）で生涯を終えたという（中村元『思想の自由とジャイナ教』〈p.640〉）参照。

（16）この辺りの事情については、中村元『ゴータマ・ブッダI』第3章「求道の道行き」（pp.329-357）で詳述されている。

（17）例えば、マックス・ウエーバーは「ジャイナ教徒にとってアヒムサは、バラモンたちが古いヴェーダの供犠儀礼から、一貫しない形で保持し続けた食肉供犠の拒否から発生した」と指摘している（深沢宏訳「ヒンドゥー教と仏教」『世界宗教の経済倫理II』東洋経済新報社、2002年〈p.260〉）。

（18）『アーヤーランガ』（註7『ジャイナ教――その教義と実生活』〈pp.226-227〉参照）。

（19）同前（pp.224-225）。

（20）同前（p.226）。

(21) 中村元『思想の自由とジャイナ教』(p.656)。

(22) 註17「ヒンドゥー教と仏教」(p.267)。

(23) 服部英次郎訳『神の国』第1巻第21章(岩波文庫、1982年〈p.70〉)。

(24) 『土曜学校講義2』(みすず書房、1998年〈p.70-73〉)。

(25) 一二アンガーの一つ『ウヴァーサガダサーオー』には、ジャイナ教の在家信徒である裕福な商人の物語が収められているが、その中に、貿易をするに当たって、国王が禁じる国との交易はしてはならないという戒律があったことが記されている。その戒律は、千数百年にわたって守られてきたという。これは、ジャイナ教が王権への服従を一貫して守ってきた一例である(中村元『思想の自由とジャイナ教』〈p.641〉参照)。

(26) 「覆鉢」制定の因縁譚によれば、在家信者のヴァッダが優れた比丘を陥れようとして「比丘が私の妻を陵辱した」と非難した。もし、この非難が承認されれば、比丘は波羅夷罪によって教団追放の処分を受けることになる。幸い、釈尊の計らいで濡れ衣は晴れるが、この場合、讒言をした在家信者には比丘に科せられる波羅夷罪に相応する罰が与えられる。それが「覆鉢」である(*Vinaya* II, pp.123-127)。この罰則に処せられた優婆塞・優婆夷は在家信者でありながら、サンガから絶縁され、布施による積善の道も失うという意味で現世のみならず来世にも及ぶ罰則を受けることになる。『五分律』（大正22、pp.174下-175中）、『四分律』（大正22、pp.958下-960上）、『十誦律』（大正23、pp.270下-271下）、根本有部律「雑事」（大正23、p.220上-下）、『僧祇律』（大正22、pp.483下-484中）。

(27)『スッタニパータ』には、八項目にわたる斎戒（ウポーサタ）が示されている。①生きものを害してはならない、②与えられないものを取ってはならない、③嘘をついてはならない、④酒を飲んではならない、⑤淫事という不浄の行為をやめよ、⑥夜間に時ならぬ食事をしてはいけない、⑦花飾りをつけてはならない、⑧地上に床を敷いて臥せよ（中村元訳『ブッダのことば』岩波文庫〈pp.81-83〉）。

(28) 下田正弘「初期仏教における暴力の問題」（『東アジア仏教―その成立と展開：木村清孝博士還暦記念論集』〈pp.389-404〉）参照。

(29)「王は人間のうちで最上の者である」（*Sn.* 568）、「クシャトリアは人間のうちの最優者である」（*SN.* I, p.6）、「人間は氏性の区別に準拠したものではあるが、そのうち王族は最優者である」（*DN.* I, p.99）。

(30)『長部』「起世因本経」（*DN.* III, p.93）。

(31) パーリ律『小品』「破僧犍度」（*Vinaya* II, pp.180-181）。

（32）註30に同じ。

（33）『長部』16「大般涅槃経」II-25には次のように説かれている。「完き人の教えには、何ものかを弟子に隠すような教師の握り拳は、存在しない」「向上につとめた人（如来）は『わたくしは修行僧の仲間を導くであろう』とか、あるいは『修行僧の仲間はわたくしに頼っている』とか思うことはない」（中村元訳『ブッダ最後の旅』岩波文庫ワイド版〈pp.64-65〉）。

（34）中村元『インド古代史』選集5巻（p.462、pp.547-556）参照。

（35）宗教も、原則的には応報主義を基礎において成立している。その宗教の教義によって救済論はさまざまに展開されるが、それらはいずれも、善悪にわたる個々人の行為や信仰の有無・浅深の観念と密接に結びついている。仏教で言えば、「業報輪廻」の観念がある。ユダヤ教やキリスト教のように絶対的な人格神をもたない仏教にあっては、この輪廻観が神の裁きに代わる役割を果たしている。しかし、宗教の救済論には応報主義にとらわれず、それを包摂しつつ、超克しようとする側面もある。倫理的・道徳的善悪は、「勧善懲悪」とか「必勝必罰」などに見られるように価値論的な「裁き」の論理に立っているが、宗教はそのような「裁き」の論理を超えて、生きとし生けるもすべてを平等・公平に救済しようとするところに本来の立場がある。『新約聖書』では、それは太陽が善人・悪人を問わず照らし、雨が正しい人・不正の人を問わず降り注ぐことに譬えられている（マタイオスによる福音5-43）。さらには、典型的な罪人と見做される人たちの方が、普通の人々よりも先に神の国に入るとも説かれている（同21-30）。法然・親鸞の浄土思想における悪人正機説を挙げてもよい。これらは、倫理的・道徳的善悪を包摂しつつ、それを超越したところに立つ「愛」や「慈悲」の思想の反映であろう。

善悪は、本来的には人間性一般に生得されるところの価値基準である。しかも「善を為さんとする我に悪あり」（ローマの信徒への手紙7-18）とされるように、対自的に自覚された悪は人をして宗教的回心に向かわせしめる。そのような自己の根源との垂直的な関係、つまり存在論的な善悪が宗教の問題であるとすれば、倫理・道徳的な善悪とは対他的問題であって、それは社会・共同体・国家といった他者一般との水平的な関係における問題であると言える。そこで、このような座標軸を異にする二つの善悪の論理をいかに調整し、結び合わせるかという課題が、次に求められる。その場合、倫理・道徳と宗教を二者択一的に捉えるのではなく、自己という存在の根源を垂直的に究明する宗教的自覚を基盤として、そこで自覚された善悪の内容を、一瞬一瞬に起こりくる現実の水平的な関係の場において具現化する道を考えるべきであろう。つまり、人間としての生き方、振舞いとして結晶させるべき道である。

（36）釈尊を含め七人の仏が共通して戒めとした偈文。この偈文のなかに仏教の教えのすべてが包摂されるとされる（『増一阿含経』〈大正2、p.551上〉、『出曜経』〈大正4、p.741中〉。

（37）『ジャータカ』序論「遠い因縁物語」には、十波羅蜜を完遂するに当たって、「捨身」か、あるいはそれに準じる修行が為されたことが語られている（『原始仏典Ⅱ　仏陀の前生』講談社、１９８５年〈pp.88-93〉参照）。

（38）『増一阿含経』には、錠光如来から起術梵志への授記（大正2、pp.579中-599上）などの授記物語をはじめ、都合二〇の前世譚が載せられている（田賀龍彦「燃灯仏授記について」『金倉博士古希記念・印度学仏教学論集』〈p.89〉参照）。

（39）「シビ王本生」としてよく知られている。『六度集経』（大正3、p.1中-下）。玄奘の『大唐西域記』（大正51、pp.903中-919上）や法顕の『高僧法顕伝』（大正51、p.858上-中）、宋雲の『洛陽伽藍記』（大正51、pp.1019下-1021下）にも、本生譚の発祥を記念するストゥーパが存在していたことが報告されている。

（40）平川彰『初期大乗仏教の研究』春秋社、１９６８年〈p.170〉参照。

（41）註37『遠い印縁物語』（『原始仏典Ⅱ　仏陀の前生』〈pp.60-61〉参照）。

（42）一四世紀頃の作品で、南方上座部が伝える『十菩薩生起物語』には、シリグッタ王の物語として、一切知性智を得るために二人の子どもをヤッカ（夜叉）に布施したことが語られている

（杉本卓洲「南方上座部の菩薩について」東北印度学宗教学会『論集』7〈pp.1-17〉参照）。また『六度集経』にも、父王の守護神である白象を布施したことをはじめとして、人々の求めに応じて全財産を布施し、ついには二人の子どもと最愛の妃をも布施した須大拏（スダーナ）太子の物語が採録されている（大正3、pp.7下-11上）。
（43）『創世記』22（旧約聖書翻訳委員会〈pp.63-65〉）。
（44）『士師記』11-30（同前〈pp.168-170〉）。
（45）「大乗仏教起源論再考」『印度学仏教学研究』61-2〈pp.216-224〉。以下、引用は同じ。
（46）中村元訳『ブッダ最後の旅』岩波文庫ワイド版（pp.176-193）参照。
（47）同前（p.191）。
（48）中村元『ゴータマ・ブッダⅡ』選集〔決定版〕12（pp.431-436）、杉本卓洲『仏塔崇拝の源流と展開』（pp.344-356）参照。
（49）同前。

第四章　種族滅亡と宿業論

一　初期の仏教における業思想

1　シャカ族の前世譚

昔、この羅閲城（カピラヴァットゥ）に魚を捕える村があった。その頃、世間は飢饉に襲われていた。人は草の根を食らい、一升の金を一升の米に換える有様であった。その村には大きな池があって、多くの魚が住んでいた。村の住民たちはその池で魚を捕らえ、それを食って飢えを凌《しの》いだ。池には拘璅《くそう》と両舌《りょうぜつ》という二匹の魚がいた。二匹の魚は、自分たちは平地に住まず、池に住んで、人間に対して何も悪いことをしていないのに、なぜ食われなければならないのかと怨み、報復を誓う。その村に八歳ばかりの男児がいて、生き物を殺すことも、魚を食らうこともしなかったが、岸で魚が死んでいるのを見て喜んだ。このとき、飢えを凌ぐために魚を食った羅閲城の住民こそが今のシャカ族であり、二匹の魚は、それぞれ拘璅が流離王（ヴィドゥーダバ）であり、両舌が婆羅門の好苦である。その因縁によってシャカ族は無数劫のあいだ地獄に堕ち、今また、二匹の魚の怨念の報いとして、種族滅亡という大惨事を招いた。そして、八歳の男児は私（釈尊自身）であり、死んだ魚を見て喜んだ因縁の報いによって、シャカ族が滅亡するときに須弥山に押し潰されるような頭痛を患ったのである。何故ならば、如来とは再び形（身体）を受けるものではなく、衆行（生存活動）を捨て去っているので、諸の厄難を克服しているが、しかし、（私が頭痛を患っている）その謂れは、この昔の因縁を今に業報として受けているのである。諸の比丘たちよ、身と口と意との行いをよく護り、梵行の人には敬意を忘れず、よく仕えなければならない。このようなことを、よく学べ（以上、『増一阿含経〈大正2、p.693中-下〉の要約＝骨子：⑩⑬）。

同種の因縁譚は、他に『興起行経』「頭痛宿縁経」（大正4、pp.166下-167上）、『六度集経』「釈家畢罪経」（大正3、p.31下）、『仏五百弟子自説本起経』（大正4、p.201下）、パーリの『アパダーナ』（*Ap*. I, p.300）にも語られている。また、『ダンマパタ』の注釈書（*Dhp-A*. I, pp.357-360）および『ジャータカ』（*J*. IV, p.153）には、シャカ族は過去世において河に毒を投げ込んだ、その報いとして虐殺されたと記されている。これは、かつてローヒニー河を挟んで水利権を争っていた隣国のコーリヤ族に打撃を与えるために、シャカ族が河に毒を投げ込んだことを指していると思われる(1)。また、『根本有部律』「雑事」では、シャカ族の前世を盗賊とし、二人の長者を焼き殺したという因縁まで語られている（大正24、p.242上-中）。これらの因縁譚は、それぞれ物語の構成に粗密の違いはあるものの、シャカ族の滅亡を、前世に犯した殺生という悪業の苦果として捉えている点では共通している。

第一章で述べたように、シャカ族滅亡の起因はヴィドゥーダバ王の怨念にあった。シャカ族の不浄観を伴った血統的な差別主義がヴィドゥーダバの怨念を引き起こし、それが彼をして報復に駆り立てたのであって、言うなれば、血統によって他者を集団的に峻別して序列化し、排除するというシャカ族の種族的傲慢さが自らの破滅を招いたのである。そのような認識の眼が、経典の編纂者にあったことは間違いないであろう。そもそも、この伝承を収めた『増一阿含経』26には副題に「等見品」とあり、この経典の主題は人種や家柄の貴賤、あるいは貧富、男女など差別を排して、一切を「等しく見る」という仏教の平等観を説き示すところにあったと思われる。

しかし、その一方で、飢餓に際して池の魚を獲り食べたことを前世の悪業として、滅亡との因果関係を説く。これが仏教の眼から見た真実の因果なのであって、世俗の眼で見る因果とは次元が異なると理解させる狙いがあったのであろう。釈尊が「シャカ族の宿業すでに熟す」と して黙過したのは、この因果を覚知したからに他ならない。ちなみに言えば、シャカ族を武力侵略したヴィドゥーダバ王について、釈尊は「七日のうちに消え去るであろう」と予言するが、はたせるかな、ヴィドゥーダバ王と彼の兵士や女官たちが水浴場のあった阿脂羅河（アチラヴァティー）に宿営していた時に季節はずれの暴風雨が起こり、ことごとく濁流に押し流されてしまう。死後、彼らは阿鼻地獄に堕し、宮殿も天火によって消失してしまったと説かれる（大正2、p.693上-中＝骨子：⑫）。

このように、現実社会の諸相を解釈する際の根拠として、善因楽果・悪因苦果という輪廻思想を背景とした業報観を説き、この業論にこそ仏教思想の根幹があるとする主張が、教団内で広く定着していたことを窺わせる。この因縁譚には釈尊自身も登場し、仏たる釈尊もまた、みずからが輪廻の輪のなかにあって、業報を受けたとする。こうした釈尊の教説から、みずからもその一員たるシャカ族の業苦に〝同苦〟する仏の慈悲を読み取ることも可能であろう。

ともあれ、宿業の瀑流を前にしては、誰人も如何ともし難く、釈尊もそれを黙過するしかなかった。仏たる釈尊がそうであるならば、当然のことながら、阿羅漢果を得たとされる釈尊の弟子たちもまた、同様であろう。実際、神通第一と称された目連がみずからの神通力によるシャカ族の救済を申し出たときも、釈尊はそれを断念させている。すべからく人間たるものは業的存在であって、その因果の理法から逃れることは出来ない。初期の仏教経典は一貫して、かつ執拗にそのことを説き記している。なればこそ、出家・受戒の徳が強調され、業報輪廻を超脱したところの解脱の境地を目指す修行の必要不可欠性が主唱される。その場合、業的存在である人間にとっての解脱の内実が問題になってくる。さらに言えば、一つの原因が一つの結果を生むというような一因一果的な業報輪廻の思想が、はたして釈尊の直説であったのかどうかという疑問もまた頭をもたげる。教理的に言えば、四諦説や縁起理論との関係である。このような視点から、釈尊が説いたとされる業思想を伝承に即して検証しておく必要がある。

2　目連の最期と前世譚

そこで、問題の所在をより明確にするために、シャカ族の大惨事を神通力によって救済しようとした目連の最期にまつわる伝承も併せて検証の対象に加えておきたい。

目連は外道（執杖梵志）によって撲殺されるという悲惨な最期を迎えたと伝えられている（『増一阿含経』〈大正2、p.639中－下〉）。「瓦石を以て打ち殺し、捨て去った。身体は遍く骨肉爛尽せざるはなく、極痛苦悩称計すべからず」とあるから、容赦のない殺し方で殺されたということであろう。なぜ、神足第一にして大威力を備えた目連がその難を避け得なかったのか。目連は言う。「我本造る所の行（業）極めて深重たり。要らず報を索受して、終に避くべからず」と。

『ダンマパダ』の注釈書には、その間の経緯が詳細に伝えられているので、ここでその要約を紹介する（*Dhp-A.*, pp.65-71）。――釈尊の教団が多くの信徒を得て、豊かな僧院生活を送っているのを嫉んだ外道が、布教の名手であった目連を殺害して、仏教教団に打撃を与えることを目論んだ。目連は在家者に対する教化力が抜群で、教団の先頭に立って布教活動に邁進したという。その彼を殺せば、仏教教団の発展は阻止され、自分たちの信徒を奪われることもなくなると考えた外道は、盗賊団を雇い入れて、目連の庵室を襲わせた。盗賊たちは彼の骨を米ぬかのように打ち砕いて殺した。盗賊を雇ったのは、ここでは「裸の沙門」であったとされている。

盗賊団は目連の庵室を包囲するが、彼は鍵の穴から抜け出したりして、巧みに襲撃をかわしたという。それが月の初旬から始まって下旬まで続いたというから、よほど執拗な襲撃が繰返されたのであろう。目連の庵室はマガダ国の竹林精舎にあった。彼を和尚とする共住の弟子たちの私房もまた、周辺に偏在していた。何と言っても、彼は舎利弗と並ぶ釈尊の教団の双璧であり、大サンガの主宰者であった。その目連の庵室が一か月もの間、盗賊団の襲撃にさらされたのである。その挙句に、撲殺された。精舎全体に大きな衝撃が走ったであろうことは容易に想像がつく。

当然、ここで二つの疑問が比丘たちの間で出される。一つは、目連の神通力をもってすれば襲撃は十分予知できた。実際、何度かは難を逃れている。にもかかわらず、なぜ最後まで逃げ切ろうとしなかったのか。もう一つは、目連ほどの大上座にとって、これほど相応しくない死に方はない。なぜ、そのような悲惨な最期を迎えなければならなかったのか。

第一の疑問については、目連自身が答えている。みずからが前世で造った罪業は極めて深く重い。その業報は必ず受けなければならず、避けることは出来ない。第二の疑問について言えば、これは勝手な想像だが、あるいは比丘たちの間では、法難とか、殉教と言った捉え方をする見解も出されていたのかもしれない。教団側からすれば、外道という敵対勢力から理不尽な襲撃を受けたのである。世俗的な横難ではない、布教活動をめぐる宗教的な受難である。そう解釈すれば、大上座たる目連は崇高な殉死を遂げたとして称賛されるべきである。

しかし、比丘たちの疑問に対する釈尊の応答は極めて単純にして明快であった。「彼が為した業にまさに相応しい死を得た」と。そこには、惨殺に至る経緯や状況に一切拘《こだ》わることなく、ただ撲殺されたという事実から一直線に業因へと向かう釈尊の態度が闡明《せんめい》されている。

目連の前世の業因について、釈尊はおおよそ以下のように説き聞かせたという。目連が、昔、在家の青年であった頃、森の仕事をしながら、一人で両親の世話をしていた。やがて、妻を迎えるが、その妻と彼の父母との間に確執が生じ、一緒には住めないと妻が言い出す。困り果てた目連は、妻の要求に従って、父と母を森へ連れ出し、盗賊に襲われたように偽装して撲殺し、森の中に捨て去った。目連の前世の悪業とは、そのようなものであり、まさに前世の業因に「相応しい死を得た」と言うべきである。――釈尊は、目連の死をこのように説いたとされている。

一方、目連を襲わせた外道も、雇われて実際に襲った盗賊も、マガダ国王の阿闍世王によって捕らえられ、全員処刑されている。それも「王宮の庭に臍の深さの多数の坑を掘らせ、そこに入れ、上から藁を覆い被せ、火をつけ燃やした後、鉄の鋤で耕し粉々にした」というほどの苛烈な処刑であった。外道や盗賊もまた自身の為した悪業に「相応しい死を得た」ということになる。ここでは、目連の死も、外道や盗賊の死も、いずれも悪因苦果の因縁譚として並列的に扱われている。

このように、業の因果は一切の容赦を許さず、厳格かつ最強の力をもって具現化してくるものとして説かれる。『ミリンダ王の問い』でも、目連の有する神通力を取り上げ、神通力も業の因果も同じ不可思議なるものに属するが、神通力に比して「業報が勝れ、強く、業報が総てに打ち勝って命令を発す。業に繋縛せられたるものに対しては余他の行作は機を得ざればなり」（*Mil.*, p.189）と解説されている。ひとたび業報が発動すれば、神通力などの他のいかなる行力もその働き場所を得ないというのである。

こうした業報輪廻の在り方に関する教えは、仏教信仰の核心をなす教説として、諸経典に偈文・散文を問わず、定型化された表現で随所に説かれている。要約して言えば、業は三世にわたって持続的な働きをもち、それ相応の結果をもたらす。無始以来のあらゆる行為の結果を孕み、そして無終の未来に向かって何らかの発展的な方向性を孕む根源的なエネルギーとして位置づけられる。そして、業の働きは善因楽果・悪因苦果という因果応報の法理によって説き示され、輪廻転生を発動させる起源とされる。

3　業報をめぐる諸問題

i）宿作因論と業報輪廻

業報輪廻の思想には二種の方向性が含まれている。一つは、過去世における業が因となって、現在世の果がある。もう一つは、現在世の業を因として、未来世の果が形成される。このうち、現在の因が未来の果を形成するという方向性には、人間の自由意志が大きく関わっているという意味で、倫理・道徳的な意義も含めて、その重要性は理解しやすい。しかし、現世における苦楽の境遇をすべて過去世の業因の結果と看做すような方向性からの業論には人間の自由意志が全く認められず、運命決定論的な俗説・迷信の類と何ら変わるところがないように見える。それに、過去世や未来世に及ぶ因果関係は、客観的・実証的検証の射程外の領域に属する問題であって、それだけに恣意的解釈を容易に許してしまう脇の甘さには十分警戒しておく必要がある。

この業報輪廻の考え方をめぐって、『増支部』三集「大品」61には「外道の所依処」として次の三つの邪説が紹介されている（AN. I, pp.173-174）。

①一切の因は前世に作れり（宿作因論）

②一切の因は神の化作なり（尊祐論）

③一切は無因無縁による（無因無縁論）

これら三説は、それぞれ①宿作因論はジャイナ教の説、②尊祐論はバラモン教の説、③無因無縁論は「裸形の外道」と呼ばれたマッカリ・ゴーサーラの説とされている。このうち、②主宰神や創造主を説く尊祐論及び、③因果の理を否定する無因無縁論は、仏教の教説とは根本的に立場を異にする。問題は①宿作因論にあって、邪説として否定されるそれと、仏教の業報輪廻の思想との相違は必ずしも明確ではない。同経で釈尊は説いている。「前世の所作を確かな真実として執着する人々には、これは為すべきであり、あるいはこれは為してはならないという意欲も精進もない。また、為すべきことと為してはならないことが堅固に覚知されないときには、護るべきものを失念して、自らが沙門である根拠をもつことが出来ない」。ここで釈尊は、前世の業因によって現世の果が決定するといった一因一果的な業報の解釈は人間の努力や精進を認めない邪見であるとして退け、あくまでも現在世の善悪の業因が未来世の果を形成することを深く自覚するところに業論の本義があると教えているように見える。

しかし、繰り返しになるが、シャカ族が過去世において飢饉に際して池の魚を食った悪業によって滅亡したとする、あるいは目連の惨殺死を過去世の父母殺害という悪業の結果と見るような業報輪廻観もまた、釈尊の直説として伝えられているのである。さらに言えば、『相応部』19「勒叉那相応」に収められた二一経では、前世において屠殺者や猟師、非情な審判官、腐敗した官僚、悪比丘など一二種の悪業を犯した者を挙げて、彼らは「その業の果報によって、多歳・多百歳・多千歳・多百千歳の間、地獄に堕ちた後、その業の残余によってこのような身(地獄の苦)を得ることを感受する」と説かれている(SN. II, pp.254-262)。この文に相当する『雑阿含経』には「縁斯罪故、堕地獄中巳百千歳、受無量苦。以余罪故、今得此身続受斯苦」とある(大正2, p.136上)。また、パーリ律の「経分別」にも、同様の教えが引用されている(*Vinaya* III, pp.104-108)。また、『中部』135「小業分別経」においては、現世の境遇の優劣や差別の諸相

──長寿・短命、多病・無病、貴族・卑族、貧窮・財富、醜陋・容麗などは、すべからく前世の業因によるとして、「(有情たちは)業を自己のものとし、業を相続し、業を母胎とし、業を親族とし、業を拠り所とする」と説かれる(*MN*. III, pp.203-206)。

これらの教えが、外道の邪説として否定された宿作因論とどこに違いがあるのか。業報輪廻に関する釈尊の教説は両極端に分かれ、はたして釈尊は業報輪廻を説いたのかどうか自体が問われるところではある。実際、経典に記録されている業報輪廻の諸説は、仏教の第一義的な原理ではなく、布教・教化の現場で庶民に語られる俗説に過ぎないとする論説が、仏教学者の間で伝統的に行われてきた。[2] 例えば、水野弘元は「元来業報説は仏教の教学からすれば、低い立場の通俗説に過ぎない」として、次のように言う。「業報説は当時の正しい常識説に過ぎず、それから進んで仏教本来の立場に入らせるための予備的な前段階のものに過ぎなかった。仏教本来の立場といえば、それは四諦説や縁起説の上に立つものである」と。[3] 水野が言う「当時の正しい常識説」とは、業による因果応報を原理として、三世三界にわたって輪廻転生を繰り返すといった、古代のインド社会に定着していたバラモン思想による人間観を指している。そして、それは仏教への導入部分として布教・教化の現場で用いられたに過ぎないのであって、釈尊が業報説を主唱したのではないとするのである。

業報輪廻は布教・教化の現場で語られた俗説であって、釈尊はそれを導入部に用いて仏教本来の四諦説や縁起説へと導こうとしたとする解釈は一般に理解しやすい。しかし、「当時の正しい常識説」と水野が言うバラモン教の業報輪廻観は仏教の諸思想に組み込まれ、さらには仏教の中核をなす思想として全面的に押し出され、緻密に展開されていくのである。

この問題に関する最新の研究では、並川孝儀の論考は極めて示唆的である。並川によれば、業報が輪廻と結びついて説かれるのは、初期の教典のなかでも古層に属する文献以降であって、最古層の文献には見られないと言う(4)。並川は、経典資料のうち、古いと言われる韻文資料を対象に、その諸文献の最古層と古層の区分に従い、業や輪廻に関する説き方の差異を抽出し、そこから釈尊の直説を探っている。ここで言う最古層の韻文資料とは、『スッタニパータ』四章「義品」、五章「彼岸道品」。古層の韻文資料とは、『相応部』一章「諸天相応」、四章「悪魔相応」。『スッタニパータ』一章「蛇品」から三章「大品」まで。『ダンマパダ』及び『長老偈経』『長老尼偈経』を指している。それによると、最古層の文献では、輪廻思想を前提としていると思わせる用例は少なく、それも否定的照明下で扱われている場合に限られている。また、業報と結びつける記述も全く見られない。ところが、古層の文献になると、それが一気に増え、それも多様化する。「輪廻（サンサーラ）」という言葉の初見も古層であって、最古層との間には断層と言っていいほどの差異が認められる。さらに、古層の文献のなかでも、時代が新しくなるにつれて、「最後身」とか「三明」など仏教独自の思想を組み込んだ輪廻観も見られるようになる。つまり、最古層から古層へ、さらに古層のなかでも時代が下るにつれて、仏教は業や輪廻を積極的に取り入れ、消化していった経過を跡付けることが出来る。

そこで逆算して、古層よりも最古層の文献から、より近似する釈尊の直説を読み取れるとすれば、釈尊自身の業や輪廻の観念に対する態度は極めて消極的であり、否定的であったことになる。さらに、最古層に見られるそれより前段階にあったと考えれば、業や輪廻に対する釈尊の態度は相当の距離感をもっていたことになる。並川は言う。「ゴータマ・ブッダの輪廻観が、最古層に見られる輪廻観と同じとすれば、そのような立場を示していたものと推定できるし、最古層よりも前段階と想定すれば、最古層に見られる輪廻観よりも一層距離を置いた消極的なもの、と推定でき、さらにものの考え方や見方はあくまでも現世に力点を置くという態度を強く示していたのではないかと推定できる(5)」。

以上、紹介した並川の論考はあくまでも推論だが、釈尊自身は業報輪廻を認めていなかった可能性はある。布教が進み教団が拡大するに従って、とくに釈尊滅後の仏教教団においてインド社会に広く定着していた輪廻説を業思想に結びつけ、仏教の中心的教理に積極的に取り込んでいったと考えるのが妥当なのであろう。

ⅱ）業の「感受」と現実

最古層から古層に至る経典資料を通じて、何よりも煩悩（欲望）の除去による解脱が第一義的に説かれ、業報輪廻の軛《くびき》もその文脈のなかで消化されているように見える。[6] 仏教と同時代に発展し、兄弟宗教といわれるほど似通った教義をもつジャイナ教との決定的な違いの一つがここにある。[7]「一切の因は前世に作れり」と宿作因論を説くジャイナ教では、業を物質的・実体的存在と看做し、それを物理的に除去することをもって宗教的実践（苦行）の目的とする。一方、仏教が人間の行為の善悪を問う業報輪廻観を説くと言っても、それはあくまでも煩悩の除去といった精神活動のうえに展開されたものであって、物理的な因果関係とは地平を異にする実践論であったことは強調されてよい。

例えば、最古層の文献とされる『スッタニパータ』第四章「八つの詩句の章」に次のような教説がある。

——想いを知りつくして、激流を渡れ。聖者は、所有したいという執着に汚されることなく、（煩悩の）矢を抜き去って、つとめ励んで行ない、この世をもかの世をも望まない（779）。

――かれはここで、両極端に対し、種々の生存に対し、この世についても、来世についても、願うことがない。諸々の物事に関して断定を下して得た住居は、かれには何も存在しない（801）。

――師は答えた、「死ぬよりも前に、妄執を離れ、過去にこだわることなく、現在においてもくよくよと思いめぐらすことがないならば、かれは（未来に関しても）特に思いわずらうことがない」（849）。

――（聖者は）未来を願い求めることなく、過去を思い出して憂えることもない。〔現在の〕感官で触れる諸々の対象について遠ざかり離れることを観じ、諸々の偏見に誘われることがない（851）。

これらは任意の引用だが、そこには、縁起の観想から中道・八正道に至る、いわゆる縁起思想の原石となるような教説がちりばめられている。たった今、そこにある苦悩の現実を直視する。そこから根本原因たる煩悩（欲望）の実態を見極め、それを除去する正しい智慧を獲得する。しかして、煩悩の激流を渡り切った聖者には、過去・現在・未来を通じて、もはや囚われるものは何もなく、また何かに惑い煩うということもない。このような解脱の境地に立ってしまえば、業報も輪廻も、その物理的因果関係をそっくりそのまま呑み込んで消化することが可能となる。大雑把に言って、このような道筋が読み取れる。

端的に言って、釈尊は業の除去、あるいは消滅をもって解脱への道とはしてない。煩悩の激流を渡り切ることをもって解脱への道としている。では、いかにして煩悩が渦巻く激流を渡ったのか。釈尊は言う。「立ち止まることなく、あがくことなしに、激流を渡った」と。立ち止まれば沈み、あがくときには溺れる、だから立ち止まることなく、あがくことなく渡ったというのである。[8] つまり、間断なく煩悩と闘う主体を確立すること、それが解脱への道であるとした。

『ダンマパダ』には、こんな教えがある。

――もしもある行為をした後に、それを後悔して、顔に涙を流しながら、その報いを受けるならば、その行為をしたことは善くない(67)。

――もしもある行為をした後に、それを後悔しないで、嬉しく喜んで、その報いを受けるならば、その行為をしたことは善い(68)。

ここでは、現在そこに生きる人間の主体的在り方が問われている。彼の主体が苦を感受しているか、楽を感受しているか、その受け止め方によって、その因たる過去の行為（業）の善悪が判断されている。業因の善悪は、その果を感受する人間主体との相関関係の中で成立するものであって、客観的・実体的なものではないとする見解がこの教説からは読み取れる。

もう一例挙げれば、『増支部』三集「一掬塩品」99には、仮に人が過去世に悪業を造ったとして、その悪業の量が同じでも、それを造った人の器によって影響力が全く違ってくることが、巧みな比喩を用いて説かれている（AN. I, pp.249-257）。

——同じ量の塩の結晶であっても小さな水鉢に入れれば、その水は塩辛く飲めなくなるが、ガンジス河に投げ入れたのであれば、その影響で水が塩辛く飲めなくなることはない。同様に、その人が身体を修めず、よき生活習慣も修めず、心も修めず、智慧も修めないような小人であれば、僅かの量の悪業であっても、そのために現在世を苦しんで過ごし、未来世には地獄に導かれる。しかし、身体を修め、よき生活習慣も修め、心も修め、智慧も修め、偉大で、心無量に過ごす人は、同じ量の悪業を造っても、その悪業の報いは現世のみで受け、未来世に少しも現れることがない。

要するに、ここでは仏道修行を励み努めることによって、悪業の報いも相対的に小さく弱いものにすることができるとされている。

iii）「信」の問題としての業報輪廻

以上のように、釈尊は業を感受する主体を修めることをもって仏道修行の本義としたうえで、業の因果そのものに関しては人知の及ぶものではないとして、次のように説く。「比丘衆よ、業の異熟は不思議なり、思惟すべからず。これを思惟するものは狂乱と脳害を生じるであろう」（A.N. II, p.80）。ここで釈尊は比丘たちに対して、業の因果について論じたり判断したりすることを厳しく戒めている。サンガ内の教導の場であれ、布教の場であれ、みだりに過去世の業因の善悪を説き、人をして被虐的存在と思い込ませるのは権威の伝統に固執する邪見であって、仏教ではない。そのように思い込ませようとするところから権威主義の腐敗堕落が始まる――。釈尊はそのことを「狂乱」とか「脳害」といった激しい言葉を使って教えようとしたのであろう。

三世にわたる業の因果を知る力有は「業異熟智力」と呼ばれ、「如来の十力」の一つに数えられている。(9) 業の因果は、客観的事実として誰にでも認知できるものではなく、如来の所説を通じて、はじめて知ることが出来る。言うなれば、業報輪廻は「信」の領域に属する教理であって、理性的・合理的に論証されるべき問題ではない。しかも、如来たる釈尊がそれ（業の異熟）を説いたとしても「誰も信じないであろうし、信じないものには長夜に不利と苦しみがあるであろう」（SN. II, p.237）と厳しく訓戒されているところからすれば、業の因果への「信」を獲得するかどうかは、仏教という宗教の生命線として位置づけられていることが窺える。少し時代が下るが、有部の論書『倶舎論』では、仏教における「信」を定義して、「四諦」や「三宝」とともに「業の異熟」を信じることが挙げられている（大正29、p.19中）。所詮、業の因果は如来と自己との個別的・絶対的な「信」の関係において自覚されてくるものであって、自己という存在の根源を垂直的に把握する宗教的課題として考えるべきものであろう。

そのようにして対自的・垂直的に自覚された業因の善悪は、言うなれば存在論的な善悪であって、社会・共同体・国家など他者一般との対他的・水平的な関係から生じる倫理的・道徳的善悪とは機軸を異にする。釈尊の教えには、それが同じ地平で語られているようにも見えるところがあって、宿作因論との区別が必ずしも明確でない困難さが付きまとう。話を戻せば、ここで問題にしているシャカ族は武力侵略にさらされた犠牲者であり、目連は外道に雇われた盗賊に惨殺された被害者である。そのシャカ族や目連に対して自身の前世の悪業を自覚せよと、釈尊は教えるのである。一見して、犠牲者や被害者にその不幸を自業自得であると非難する宿作因論と何ら変わるところがないように見える。しかし、その一方で、そのような被虐的な因果論を説くことは「狂乱」であり「脳害」であると禁戒している。ここはやはり、自己という根源を垂直的に把握する宗教的課題としての業の善悪と、対他的・水平的な関係から生じる倫理的・道徳的善悪を、明確に区別する必要がある。

そのうえで、対自的・垂直的に自覚された善悪の内容を一瞬一瞬に起こり来る現実との対他的・水平的な関係の場における善悪へと変換し、現在世を生きる一人の人間としての生き方・振舞いとして具現化する。シャカ族の悪業を説いた釈尊は、その結語として「諸の比丘たちよ、身と口と意との行いをよく護り、梵行の人には敬意を忘れず、よく仕えなければならない。このようなことを、よく学べ」とする訓戒を置いている。ここに「身と口と意との行いをよく護り」とあるのは、その代表的な教えとして「十善業道」を挙げることができる。内容は、不殺生・不偸盗・不邪淫の三つが身業、不妄語・不両舌・不悪口・不綺語の四つが口業、不貪欲・不瞋恚・正見の三つが意業に分類される。(10) この「十善業道」は、在家者に対する教えであって、当時のインド社会にも広く支持されていた一般的な倫理・道徳の規範にも共通するものであった。釈尊は出家道を修する比丘たちにもその遵守を促し、出家・在家を問わず「梵行（十善業道)」を修する人に敬意を払い、仕えるべきことを教えている。

自己という存在の根源を垂直的に究明し、そこで自覚された善悪の内容は、人をして宗教的回心に向かわしめる。釈尊が説こうとした業思想の実践論的な意味はそこにあって、そのような自己変革を基盤にしてこそ「十善業道」で示される倫理的・道徳的な生き方・振舞いが内発的に導き出される。過去世の業因によって現在世の果が決定するといった宿作因論を邪見として退けながらも、その一方で、同趣旨の業の因果を繰り返し説く釈尊の真意は、そのような文脈で理解されるべきであろう。自己変革を根拠にもたない「十善業道」の教えは、いとも簡単に権力や権威と結びついて外圧的・他罰的な支配思想の腐臭を放ちはじめる。

さらに言えば、ここは業論で最も重要なところだが、釈尊は武力侵略によって滅亡の危機にさらされたシャカ族に対して「十善業道」を説くのである。侵略者であるヴィドゥーダバ王への怨みや怒りによる報復的行動を抑制して、人間としての正しい道を歩むことを教えている。これを『ダンマパダ』では「実にこの世においては、怨みに報いるに怨みを以てしたならば、ついに怨みの息むことがない。怨みを捨ててこそ息む。これは永遠の真理である」と説いている(*Dhp.* 5)。犠牲者側が一方的にイニシャティヴをとって怨みや怒りを放棄して、善業の道を歩む。対他的応報観からすれば、報復能力を持たない弱者の痩せ我慢にも映るが、道理のあるほうが償いをするという逆説を生きることでもある。実際、戦争をはじめ、あらゆる暴力の連鎖を断ち切るには、どちらか一方が自らの怒りや怨みを放棄するという英断を下す以外にないのだろう。釈尊が説こうとした業論から導き出される人間としての振舞い・生き方とは、そのようなものであった。

ⅳ）現在世の悪業と解脱

現在世において他者に害を及ぼす悪業を犯した者に対して、釈尊はどのような解脱への道を用意したのか。ここでは、現在世の業を因として、未来世の果が形成されるという方向性からの業報輪廻の問題を絡めて、一般に〝悪人成仏〟と称される解脱の在り方を検討しておきたい。

その典型的な事例としては、アングリマーラ（鴦崛摩羅）長老の解脱・涅槃がある。凶悪な殺人者であったアングリマーラが、釈尊の教えによって出家し、ほどなく阿羅漢果を得て解脱し涅槃する。その説話を伝える主な経典資料を挙げれば、パーリ資料に『長老偈』（*Therag.* 866-891）と『中部』86「鴦崛摩羅経」（*MN.* II, p.97）がある。漢訳資料では『雑阿含経』1077（大正 2, p.280 下）、『別訳雑阿含経』16（大正 2, p.378 中）、『増一阿含経』38-6〈大正 2, p.719 中〉、竺法護訳『鴦掘摩経』〈大正 2, p.508 中〉、西晋沙門法炬訳『仏説鴦掘髻経』（大正 2, p.510 中）などがある。このうち、最も古い資料は『長老偈』だが、ここではアングリマーラがどのように教化され解脱に至ったかを自身の心の変化に即して語っている（韻文）。それを祖形として、その後の経典では種々の要素を加味しながらより具体的で詳細な説話となって繰り返し説かれている。

出家前の彼は、人を殺すことを名誉とするような凶悪な盗賊であった。彼の名であるアングリマーラとは「切った指で作った輪を首にかけている者」を意味している。そのアングリマーラが釈尊から直々「修行者よ、さあ、来なさい」と授戒され（善来比丘具足戒）、以降、釈尊の随従沙門として祇園精舎に住し、仏道修行に精進する。その彼が阿羅漢果を得て後、それほど間をおかずして解脱の安らぎのなかで涅槃を迎える。

当時のインド社会の視点に立って言えば、アングリマーラは死罪を免れない大盗賊であった[11]。その彼が釈尊直々の受戒によって出家し、そのことによって国法による刑死を免れ、しかも阿羅漢道を修することによって三世にわたる悪因苦果の業報からも解放されて解脱し般涅槃するのである。アングリマーラは二重の意味で釈尊によって救われたことになる。

『中部』「鴦崛摩羅経」によれば、アングリマーラはコーサラ国のパセーナディ王の領土に住む狂賊であって、彼によって「村は非村となされ、邑は非邑となされ、庄は非庄となされる」

という有様であった。その狂賊が出家し、釈尊の随従沙門となって、祇園精舎に住んでいる。それを知った舎衛城の人々は内宮門前に大挙して押し寄せ、アングリマーラを捕縛するようパセーナディ王に迫る。王は大軍を率いて祇園精舎に向かい、釈尊にアングリマーラを引き渡すように要請する。ところが、出家後のアングリマーラは「殺生を離れ、不与取を離れ、妄語を離れ、一食者、梵行者、持善法者」となって、釈尊のもとで修行に励んでいる。その姿を目の当たりにしたパセーナディ王は「希なるかな」と驚嘆し、釈尊の指導力に最大の敬意を払うとともに、かえってアングリマーラへの供養を申し出る。アングリマーラは、自分は糞掃衣をまとった一介の乞食者として阿蘭若に住している。だから「大王よ、十分なり、我に三衣満足せり」と、その申し出を鄭重に断っている（MN. II, pp.100-102）。漢訳資料では、『増一阿含経』がほぼ同趣旨の内容を伝えている（大正2, pp.720中-721下）。

ここに伝えられているアングリマーラの変貌ぶりは、たとえ極悪非道の大盗賊であっても、その悪心を根底から転換させ、解脱・涅槃に至ることを示していて、釈尊の教えの偉大さを証明する典型的な事例として記録されたのであろう。

もとより、アングリマーラが解脱・涅槃の道に入ったからと言って、すでに犯した悪業の数々が消滅したのではない。ましてや、彼の場合、現在世において多くの人を殺傷し、村々を破壊し財貨を強奪したのである。被害者やその遺族の怒りや怨みは生々しく残っている。その真っ只中を、アングリマーラは行乞し、布教・教化に歩いている。そうしたなかで、難産で苦しんでいる婦人を救ったというエピソードも記録されているが、多くの人々は彼を恐れ、敵視し、土塊や棒、礫などを投げつけ、迫害した。あるとき、アングリマーラは頭を割られ血を流し、托鉢の鉢を壊され、僧伽梨衣を破られた姿で、釈尊のもとに戻る。釈尊はその姿を見て、「汝は忍受せよ。汝は忍受せよ。汝が業の果報によりて幾年、幾百年、幾千年地獄に於いて受くべきその業果を、汝は現法に於いて受くるなり」と教えた。その教えに導かれて、アングリマーラは自身の悪業を根底から転換し、「解脱の楽」を受けつつ、『長老偈』に収録されているような偈（ウダーナ）を説いたとされている（*MN.* II, pp.102-106）。

さて、『長老偈』において語られるアングリマーラ自身の述懐の言葉は、韻文で語られているために含意的で、その意味するところは必ずしも明確ではない。後に上座部のブッダコーサやダンマパーラの注釈書、あるいは『大毘婆沙論』などの説一切有部の論書において、多様で詳細な解釈・展開がなされ、それが大乗思想にも受け継がれ、より難解で深遠な論議が繰り広げられることになる。(12) それはそれとして、ここでは今述べたような説話に照応させながら、彼の業果をめぐる争点を整理しておきたい。

アングリマーラは釈尊に帰依した自身の境涯を述懐して、以下のように述べている。

（a）「以前には放逸であっても、後に放逸ならざる人は、この世を照らす。雲を離れたる月のように」（*Therag.* 871）。

（b）「以前には悪い行いをした人でも、後に善によって覆われるならば、彼はこの世の中を照らす。雲を離れた月のように」（同 782）。

ここに挙げた二偈は、『ダンマパダ』にも採録されている（*Dhp.* 172, 173）。ブッダコーサの注釈によれば、（a）の偈はアングリマーラが釈尊のもとで出家し阿羅漢果を得た後に解脱の境地を誦したもので、この偈を誦し終わって彼は般涅槃したという。多くの比丘たちは驚き訝り、「あれほど多くの人々を殺しておきながら、どうして涅槃することが出来たのか」と釈尊に問う。そのとき釈尊は「アングリマーラは間違いなく般涅槃した」と答え、それを裏付けるように（b）の偈を説いたとされている（*Dhp-A.* III, pp.169-170）。

出家前のアングリマーラは煩悩の激流のおもむくままに悪業を重ねてきたが、出家後の彼は怠りなまけることなく自己を制御して、善業を積むことに専念した。そのことによって、かつての悪業は覆われた。その人が誰であれ、釈尊に帰信し、不放逸に出世間道に励むならば、過去の悪業は覆われ、雲から離れた月のように社会の闇を照らす存在となる――二偈を要約すれば、こうなる。ここで注目しておきたいのは、アングリマーラが不放逸に修した善業が、彼が過去に犯した悪業を覆い隠した（pithīyati）のであって、決して悪業を消滅させたり、善業によって相殺させたりしたのではないということである。つまり、彼は悪業の身のまま、苦果を享受することなく解脱し、般涅槃したということになるのだが、あれほどの悪業を積み重ねながら、その苦果から逃れることなど、はたして出来たのであろうか。現生では逃れることが出来たとしても、それは彼の死後生において顕在化してくるのであろう。多くの比丘たちは、そのように考え、「彼は一体、どこに再生したのか」を論議する。そこで、釈尊に問うのだが、答えは明確であった。「アングリマーラは般涅槃した」と。つまり、生死の輪廻から完全に解脱して再生することはない、と説くのである。釈尊のこの教説の真意はどこにあるのか。アングリマーラの説話が示す彼の業果をめぐる争点は、この一点に集約されよう。

実際、漢訳資料では、これに相当する箇所を『雑阿含経』は「人前造悪業、正善能令滅」（大正2、p.281中）と訳し、アングリマーラが犯した悪業は正善によって滅したと解している。また『別訳雑阿含経』は「蒙仏除我罪、得免於悪業」（大正2、p.379上）と訳し、仏の力用によって罪は除かれ、悪業を免れることができたとする。いずれも、アングリマーラの悪業は善業によって消滅したか、仏力によって免れたとされているのであって、パーリ資料とは全く異なった立場からの解釈が施されている。

そこでもう少し、『長老偈』に記されたアングリマーラの述懐の言葉を追ってみよう。

（c）「以前には『殺害者』であったわたしは、今は『不害者』と称せられる。今のわたしは真に名前の通りである。わたしは何人をも害することはない」(879)。

（d）「わたしは以前には手が血で染められ、『アングリマーラ』という悪名で知られていた。わたしが帰依するのを見よ。迷いの生存に導く素因は、根絶やしにされた」(881)。

（e）「悪しき生存に導く多くの（悪）業をなして、（悪）業の報いに触れられていたが、今やわたしは負債なき者として、施食を受用する」(882)。

（f）「智慧の乏しい愚かな者は、放逸に耽る。しかし智慧ある者は最上の宝を護るように、不放逸を護る」(883)。

（g）「放逸に耽るな。欲楽に馴染むな。不放逸にして禅定（瞑想）に入る者は、最上の楽を得る」(884)。

（h）「妄執を離れ、執着することなく、感覚の門を護り、よく自らを制御し、罪悪の根を除き去って、わたしは汚れの消滅に達した」(890)。

（i）「わたしはブッダに仕え、ブッダの教えを成し遂げた。重い荷を降ろし、迷いの生存に導くものを根こそぎにした」(891)。

（a）（b）を含めて、ここに挙げた偈において最も重要視されているのは、怠りなまけることのない――不放逸という修行態度を無上の宝として厳守することに他ならない。妄執を離れ、執着することなく、感覚の門を護り、よく自らを制御して、罪悪の根を除き去って、汚れの消滅に達する（h）。あるいは、迷いの生存に導くもの（素因）を根絶やしにする（d）（i）。こうした「不放逸」という修行態度に徹することをもって、アングリマーラは「ブッダの教えを成し遂げた」（i）と宣言するのである。

『長老偈』と同じ古層に属する『相応部』有偈篇の冒頭「葦品」には第一に「暴流」と題する項が置かれていて、煩悩や欲望が人々を翻弄し押し流す様子を暴流（ogha）に譬え、その暴流をいかにして渡ったのかという問いに、釈尊は「立ち止まることなく、あがくことなく、暴流を渡った」と答えたと記されている（SN. I, p.1）。ここで注目しておくべきことは、暴流を渡って彼岸（解脱）に達するのではなく、立ち止まることなく、あがくことなく暴流を渡る──その実践そのもののなかに解脱があると考えられていたことである。[13] この考え方は、釈尊が成道して以来四五年間にわたって説き示してきた総ての教説に一貫して流れる根本義であって、八〇歳で生涯を閉じた釈尊の最期の言葉もまた「諸行は過ぎ去るものである。不放逸に修行を完成させよ」というものであった（*DN*. II, p.156）。

もとより、不放逸の修行に徹したからと言って、アングリマーラが自身の犯した悪業を消滅させたというわけではない。これまで見てきたように、善因楽果・悪因苦果という業報輪廻の轍《わだち》からは、如来たる釈尊自身も免れ得ないとされ、ましてや阿羅漢果を成じた弟子たちもまた免れ得ないと説かれてきた。少々先走って言えば、業報輪廻は宇宙の根源に働く「法（dhamma）」であって、人間もまたその「法」に照らし出された業的存在である。

アングリマーラは悪業の身のまま、しかし悪業に導く煩悩の根（素因）を除き切った阿羅漢として行乞に歩き、布教・教化に励んだ。もはや「殺害者」から「不害者」へと自己変革を成し遂げているのだが、先に述べたように、人々の目に映るのは依然として凶悪な強盗であった。アングリマーラを見て、人々は恐れ、驚き、敵視して、土塊や礫などを投げつけ迫害を加える。（e）の偈では、それを「（悪）業の報いに触れられて（phuṭṭho kammavipākena）」と言っている。vipāka は「異熟」を意味しているから、一因一果的な直線的な因果関係ではなく、業果の多様性が予定されているのだが、その多様性を担保するのは「縁」である。同じ悪業であっても「縁」の働きによって、その報いは多様に顕現する。そして、「縁」の働きを発動させるものは人間の自由意志である。アングリマーラの場合、釈尊に帰依し、不放逸に瞑想し、布教・教化に励むという仏道を自らの意志で選んだ。その結果として彼の悪業は異熟し、舎衛城の人々から迫害を受け、大怪我を負う。頭を割られ、血を流し、這這《ほうほう》の体で帰ってきた彼に、釈尊は「幾年、幾百年、幾千年、地獄に堕ちて受けるべき業果を、今まさに受けている」と説き、「汝は忍受（adhivāseti）せよ。汝は忍受せよ」と教えている。

未来世において受けるべき堕地獄という業果を異熟させ、現在世において軽く受けている。だからこそ「忍受せよ」と言うのである。ちなみに、ここに「忍受」と訳されている adhivāseti という語には、忍受の他に、同意する、承認する、忍住する、待つ、など多様な意味が含まれている（水野弘元『パーリ語辞典』, p.16）。今ここで受けている苦難を自らの悪業の異熟として同意し、承認し、ただひたすら耐え忍んで待つ――こうした教えは、先に述べた不放逸の修行態度に直結している。つまり、アングリマーラは悪業の異熟に触れながら、それを忍受して、怠りなく、なまけることなく、仏道に励む。その修行態度を指して、（e）の偈では「今やわたしは負債なき者として、施食を受用する」という阿羅漢果の境涯としている。かくして、解脱の「楽」を楽しみながら、アングリマーラは般涅槃した。

ところで、その一方、舎衛城の人々のアングリマーラへの非難の声は収まらなかったようで、教団としては、そうした世俗社会の動向を配慮して、全く別の対応をとらざるを得なくなった。パーリ律『大品』「大犍度」には、アングリマーラの存在そのものを覆い隠すように新たな「遮法」が制定されている。その際の因縁譚として、以下のような経緯が記されている。

「その時、盗賊アングリマーラは比丘等の許において出家した。人々は見て驚き懼れ逃れ路を避け面を背け門を閉ざした。人々は嘆き憤り、アングリマーラを取り除こうとして、『なぜ沙門釈子等は名称強盗を出家させたのか』と比丘たちに詰め寄った。時に比丘等は世尊にそのことを告げた。世尊は比丘等に告げて言った。『比丘等よ、名称強盗を出家せしむるべからず、出家せしむるものは悪作に堕す』。」（*Vinaya* I, p.74）

ここでは、アングリマーラを出家させたのは比丘等とされ、そのために、世間の人々から喧々たる非難の声が起こった。それを聞き知った釈尊が「世間に名を知られた強盗は出家させてはならない」と制戒したことになっている。確かに、アングリマーラの出家を容認すれば、それは釈尊のサンガが死罪に処せられるべき犯罪者を匿《かくま》ったことになり、これでは仏教教団が反社会的組織として世間の批判を浴びることになる。もとより、犯罪者であっても、それを理由に仏道修行の場から締め出されることはない。宗教的救済の道は万人に開かれている。原理的に言えば、犯罪者もその被害者も、共々に同じ地平で救わなければならない。ここが宗教組織の悩ましいところだが、少なくとも世間の批判はかわさなければならない。言うなれば、組織防衛の観点から定められたのが、先の制戒である(14)。

したがって、アングリマーラの出家が否定されたのは、あくまでも世間の批判をかわすためであって、彼の蘇生譚まで否定されたわけではない。それにしても、この戒が制定され、サンガ全体に徹底されたとなれば、アングリマーラの伝承は秘伝とされ、仏教教団として公に語られることはなくなったと見てよいのであろう。

4　業の異熟としての戦争

これまで、業報をめぐる諸問題の一端を瞥見してきた。それは何より、滅亡の危機に追い込まれたシャカ族について釈尊が語ったところの業論とは、一体どのような内実をもったものであるのかを、少しでも明らかにするためであった。飢饉に際して池の魚を獲って食べたといった前世の悪業譚に、どれほどの説得性があるのか。それを、荒唐無稽な作り話として無視することも可能であろう。しかし、同種の因縁譚は諸経典において執拗に繰り返し説かれている。その意図するところは、一体どこにあるのか。

結局のところ、それは釈尊と当事者の個別的・絶対的関係において成立する「信」の領域に属する問題であって、第三者があれこれ詮索することではないのかもしれない。ましてや、業の因果を用いて人が人を裁くような行為は、「狂乱」であり「脳害」の誹りを免れないということであろう。そこで、経典が記録した内容に即して、シャカ族が侵略戦争に巻き込まれた原因はシャカ族自身の前世の悪業にあり、その悪業が異熟するときは、誰にも止めることは出来ないとする釈尊の教えに立ち戻って考えてみたい。

釈尊は、戦争をシャカ族の宿業として教えた。つまり、戦争はシャカ族の自業自得であり不可避の問題であるとの自覚を、シャカ族に促したのである。実際、現実問題として平和思想が実効性を発揮するのは戦争が始まる前であって、一旦戦争が始まってしまえば、その奔流を止めることは誰にも出来ない。止める方法は唯一、戦争を仕掛けた国家権力の当事者に侵略の意志を放棄させる以外にない。釈尊はそれを三度試み、その都度、ヴィドゥーダバ軍を阻止したが、四度目には「シャカ族の宿業は熟した」として黙過する。

ここに至って、釈尊はもう一方の戦争の当事者——侵略戦争の犠牲者であるシャカ族に業論を説いて報復の意思を放棄させたのである。焦土と化した自国の惨状を眼前にして、それを耐え忍び、争いの連鎖を根絶する。そのような至難の倫理的生き方を一方的なイニシャティヴのもとに選ぶことを、釈尊はシャカ族に教えた。戦争を自らの業の異熟として自覚し、それに耐え忍ぶ――端的に言えば、それが釈尊の戦争観であり、平和学の骨格であった。

もとより、そうした釈尊の教えを、シャカ族の人々が在家の信仰者として受け入れたかどうかは、別の問題である。これでは、いかにも戦争をシャカ族の自己責任として押し付けておいて、釈尊をはじめ比丘たちは傍観するだけで何もしてくれない、という出家者に対する不満や不信感が、当然のこととして起こってくるだろう。そこで、釈尊は生き残ったシャカ族に対して、改めて救済の手を差し伸べることになる。

二　シャカ族の救済

1　釈女たちへの教説

ヴィドゥーダバ軍が引き揚げた後、焦土と化した城都カピラヴァットゥをつぶさに視察した釈尊は、生き残ったシャカ族の救済のために教えを説いている（『増一阿含経』〈大正2、pp.692下

693上〉）。以下、その内容を要約する。

五〇〇人のシャカ族の女姓たちが、自族の命運を嘆き、釈尊に訴える。一族がこれほど苦悩し、激しい痛みに堪えているのに、釈尊は自身の出身種族であるにもかかわらず、それを忘れてしまったように、何もしてくれない。（おそらく、この種の不満や恨み言は出家教団そのものに対して発せられたものでもあったと思われる。実際、第二章「サンガの対応」で触れたように、心無い比丘（六群比丘）が彼女たちの布施した装身具で身を飾り、敗戦後のカピラヴァットゥを乞食に訪れている。戦禍によってすべてを失った彼女たちの前に、自分たちが悲しみの中で布施した瓔珞・鐶釧などの装身具で身をやつした比丘たちが、食べ物を乞うためにやってきたのである。釈女の泣訴には、そうした出家比丘の態度に対する不信感も重なっていたのであろう。）

そこで、釈尊は多くの比丘たちを伴ってカピラヴァットゥを視察し、親族たちの命終を見舞う。釈女たちは、釈尊が多くの比丘を伴ってやってくるのを見て、自らの様子を恥ずかしく思った。釈尊は釈女たちの惨状を見て、随行する帝釈天と毘沙門天を遣わし、何よりもまず、身体を覆う衣と充分な食べ物を与えている。そのうえで「五陰＝色受想行識」論が説かれる。その内容は、諸仏の常の法である苦・習（集）・尽（滅）・道の四諦説を彼女たちのために分かり易く説かれたものとして説明されている。そして、いわゆる布施論・持戒論・生天論・欲不浄論・出離生死論が展開され、これらの微妙なる法を聞き得た釈女たちは皆、心の穢れを取り除き、法眼が浄められ、命を終えて生天したという。

2　四諦論と生天論

在家の女性信徒である五〇〇人の釈女に対して、釈尊が説き聞かせたのは縁起（四諦）の法であった。その縁起論をもとに、布施と持戒を修することによる生天の楽果、そして煩悩の不浄性を正見し、生死輪廻から解脱することを説いたとされている。

ここで改めて、釈尊の説法の内容を順次整理して、詳しく見ておこう。

まず釈尊は、戦禍によって夫やわが子を奪われた女性たちに、「諸法は皆まさに離散すべくして、会うには別離あり」として、愛別離苦の真っ只中で苦しむ彼女たちに寄り添うように説き起こす。そして、その苦悩の実態を見極めることを促し、「人の身と心を構成する五陰（色受想行識）のすべてが苦痛と苦悩を受け、五趣（地獄・餓鬼・畜生・人・天）に堕ちる。五陰の身を五趣の中に受ければ、必ず行業（行為）の果報というものがあり、胎中に身を受けて苦楽の報を受ける」ことを知るべきであると説く。これは、四諦説の中で言えば、苦諦・集諦の二諦に当たる。

そこで、もし五陰というものが無ければ、身を受けることも無い。身を受けることが無ければ、生も老いも病も死も無い。また、会うことも無ければ、別れることも無く、別離に苦しむということも無い。したがって、あなたたちは皆、この五陰の成り立ちとそれが変化して壊れていく様子（無常）を知らなければならないとして、次のように説く。

「五陰を知ることによって、五欲（色声香味触）を知り、五欲を知ることによって、法（事物）への愛着を知り、法への愛着を知ることによって、染著の法（煩悩）というものの存在を知る。これらの次第を熟知すれば、胎中に身を受けることが無く、胎中に身を受けないことによって、生・老・病・死が無くなる」。この教説は、四諦説の中の滅諦に当たる箇所であるが、ここでは生・老・病・死の人間苦、無常苦を滅するには、それを引き起こす根因が「染著の法」つまり五欲の汚れに染まり物事に執着する心（煩悩）にあることを如実に知る以外にないという実践の理が示されている。

そのように知ってしまえば、もはや煩悩に支配されたり、紛動されることもなく、したがって自らの生に襲い来る「苦」というものを自らの手で滅することが出来る。こうして彼女たちの苦痛、苦悩の実態を解き明かした釈尊は、その実践の道として、施論、戒論、生天論の三論を説き、さらに煩悩・欲望が不浄の想念であること、生死にとらわれない「出要」の道を楽とする生き方を教えるのであった。

ここに至って、彼女たちの心が開かれ、頑《かたく》なな不信と恨みが解ける。経典では、こうした釈尊の説法の次第を述べた後、それを苦諦・習（集）諦・尽（滅）諦・道諦という諸仏の常の法であると括《くく》って説かれている。そして、彼女たちは皆、心の塵垢がすっかり取り除かれ、法眼が浄められて、各々その所において命を終え、天上に生じたとする。

3　出家道と在家道

初期の経典にあっては、在家者は生死輪廻のなかにあって布施・持戒という福業を修め、命終して天界に生じることを目的とし、一方、出家者は戒・定・慧の三学を修して、生死輪廻から解脱し涅槃に至ることを目的とする、というように、在家と出家の間に修行の在り方やその目的において区別があったとする理解が、従来から広く行われてきた。また、在家の修行を四沙門果に配して、在家者は不還果までは進めても、阿羅漢果には到達することが出来ないとする考え方も多く見られる。阿羅漢は「応供」と訳されるように、在家の布施を受けるに相応しい者として理解されている。つまり、初期の仏教にあっては、布施は常に在家から出家へ為されるのであって、したがって、在家者は出家者の生活を支え、維持する範囲において仏道が勧められたことになる。

しかし、釈尊の教説の真の目的は、人をして平等に生死の輪廻から解脱せしめ、涅槃の境地に入らしめることにあったはずである。この辺りの説き方が多様であって、そのために、在家者が阿羅漢果を得ることが出来るかどうかという問題も、盛んに論じられてきた。今日では、布施・持戒・生天の三論は、古代インドの民衆に根を張っていた生天への願望を巧みに利用し、仏道へ入らしめる一つの段階とし、その後に縁起論を説き、生死輪廻からの解脱・涅槃へと導いたとする連続性を重視する捉え方が有力である[15]。

たとえば『雑阿含経』巻第三三がある。ここでは、マハーナーマ（摩訶男）に対して優婆塞の修すべき徳目が説かれるのだが、それによると在家信徒である優婆塞の実践の徳目とは、信・戒・聞・捨（施）・慧の五法であると示されている。このうち第五の「慧」とは、苦・集・滅・道の四諦（縁起）を「如実に知る」ことであるとされている（大正2, p.236中-下）。つまり、在家者にも「慧」による如実知見が説かれているわけで、釈尊の最終の目的は、出家・在家を問わず、縁起の理法を悟ることによって生死を出離し涅槃に至らしめることにあったことが分かる。

確かに、初期仏教にあっては、出家修行者と在家信徒にそれぞれの実践道が示されている。

しかし、いずれの道も「慧」に至るのであって、その限りにおいては、出家と在家の間には特別な区別はなく、共に聖道を実践し、解脱・涅槃を目指す求道者として認識されていたと言える。いわゆる世間道と出世間道を別立し、阿羅漢果を得られるのは出世間道に限るといった区別は、出家中心主義に立つ出家者の側から作り出されたとする説が定着している。

今改めて五〇〇人の釈女に対する釈尊の説法を追ってみれば、そうした出家・在家の得道の次第を大きく踏み越えた独自の流れが読み取れる。何よりもまず、在家の女性信徒（優婆夷）である釈女の泣訴に対して、五陰の成り立ちとその無常なる様子を知れと、縁起（四諦）の法を説き、彼女たちの苦痛・苦悩を取り除く実践の理を示している。そのうえで、布施・持戒・生天の三論から欲不浄論・出離生死の法を実践の道として連続して説いたとされている。こうした釈尊の説法によって、彼女たちは心の穢れを取り除き、法眼が浄められ、命を終えて生天する。とすれば、ここに言う「生天」が、世俗的願望としての天界に生じる楽果を意味しているのではないことは明らかである。諸欲を満足させる天の楽ではなく、仏道における出離生死の楽果を得ること、つまり縁起の理法を悟り、解脱・涅槃の境地に至る得果を言っていると解すべきであろう。

在家であれ、出家であれ、最終的には「慧」を通して解脱・涅槃に至ると、釈尊は教えている。言うところの「慧」とは、頭の中でなされる抽象的な作業ではない。実は、その人が自身の位置する特定の場所で、身体の動きの一部として立ち上がるのである。人が身体ごとに住み込む「業報」という、自分の意識の及ばない状況の只中で紡がれる。そして、他の場所から立ちおこる「慧」とも交合し、夥しい経験に裏打ちされて、解脱・涅槃という磨きぬかれた境地を啓いていくのである。シャカ族滅亡の伝承は、そうした仏道修行者たちの「慧」の坩堝《るつぼ》のなかに投げ出られている。

【註】

（1）『ジャータカ』536「鳩那羅本生物語」（*J*. V. pp.412-413）には、ローヒニー河を挟んで東西に対峙していたシャカ族とコーリヤ族が、旱魃のときに激しい水争いを繰り広げたことが記されている。両種族ともローヒニー河のダムから水を引き農業を営んでいたが、ジェーッタ月（5〜6月）の初めに穀物が枯れだしたために、互いに水を独占しようとして農民同士が暴力沙汰を起こし、ついには種族間の戦闘にまで発展した。そのとき、釈尊がローヒニー河の中央で禅坐し、両者が争えば共に破滅することを教え、争いを止めさせたという。同様の物語は『ダンマパダ』の注釈書（*Dhp-A*. III, pp.254-257）にも記されている。

（2）森章司は論考「死後・輪廻はあるか」において、現代日本の仏教学者のうち、圧倒的多数は「仏教の説く輪廻や死後は単なる俗説で、真の仏教の教えではない」とする立場に立っているとして、その代表的な見解を年代順に紹介している（『原始仏教聖典資料による釈尊伝の研究』「文書12」、pp.1-2)。

（3）水野弘元『原始仏教』平楽寺書院、1956年（pp.68-69)。

（4）並川孝儀『ゴータマ・ブッダ考』大蔵出版、2005年（pp.109-129)。

（5）同前（p.129)。

（6）榎本文雄「初期仏教における業の消滅」（『日本仏教史学会年報』54号、pp.1-13）参照。

（7）本書第三章「ジャイナ教徒不殺生・非暴力」の項、参照。

（8）『相応部』有偈篇「諸天相応」（SN. I, p.1)。中村元『神々との対話』（岩波文庫、pp.13-14）参照。

（9）『中部』「師子吼大経」（MN. I, pp.69-71)、『相応部』「阿那律相応」（SN. V, p.304)、『増支部』「十集」（AN. V, p.33, p.37)、『増一阿含経』（大正2、p.776中-下)、『雑阿含経』（大正2、p.186中-下)、『倶舎論』（大正29、p.140中)。

（10）人間としての生き方・振舞い方に関する仏教の伝統的な教え（「十悪業道」と対)。『六度集経』では、それを「身三口四意三」としてまとめて説いている（大正3、p.17下)。

(11) コーサラ国のパセーナディ王は「もし盗賊行為を為せば、その命を断じる」とする王命を発している（『根本有部律』「四波羅市迦法」3「断人命学処3」〈大正23、p.664下〉）。

(12) パーリ『上座部』及び『説一切有部』におけるアングリマーラ説話の解釈については、清水俊史『阿毘達磨仏教における業論の研究』大蔵出版、2017年（pp.410-487）が詳細に論じている。

(13)『相応部』有偈篇の冒頭「葦品」では第1「暴流」に続いて第2「解脱」が説かれるが、この解脱（nimokkha）をパーリ文注解は「解脱の道」と解しているという。この解釈によると、立ち止まることなく、あがくことなく、仏道を不放逸に実践することの結果として解脱・涅槃に達するというのではない。仏道を実践する、その過程そのものに解脱があり、涅槃があると教えていることになる（中村元『神々との対話』岩波文庫、1986年〈p.226〉参照）。

(14) 佐々木閑『出家とはなにか』（p.88）参照。

(15) 舟橋一哉「出家道と在家道とにおける真理観の相異」（宮本正尊篇『仏教の根本真理』三省堂、1970年〈pp.175-196〉）、藤田宏達「原始仏教における生天思想」（『印度学仏教学研究』38号〈pp.901-909〉）、浪花宣明「在家実践道の構造」（『在家仏教の研究』法蔵館、1987年〈pp.6-28〉）参照。

点描——成道後の釈尊

＊釈尊がどのような教団を、どのようにして形成したのかを大まかに示すために、経典資料に記された釈尊の事績をもとに年代的な整合性を考慮しつつ年表風にまとめた。もとより、年数はすべて推定であって、歴史的事実を反映するものではない（ネット上で公開されている森章司『原始仏教聖典資料による釈尊伝の研究』に収録されている諸論文、資料集を参考にした）。

成道一年目（三五歳）　パーリ資料によれば、ヴァイシャーカ月の満月の日（中国暦で二月一五日）、ウルヴェーラー村のネーランジャラー（尼連禅那）河の畔にある須菩提樹のもとで成道。その後、四月から七月半ば頃までの雨期を禅定による解脱の楽しみを楽しみながら過ごす。

その間、タブッサ（多梨富沙）とパッリカ（婆梨迦）の二人の商人が蜜団子を釈尊に供養し、最初の優婆塞（在家信徒）となる。このとき、供養を受ける石鉢を四大天王が献じ、その鉢で釈尊は蜜団子の供養を受ける。二人の商人は、頭を釈尊の御足につけて礼拝し「我等、世尊と法とに帰依したてまつる。世尊、我等を優婆塞として容したまへ、今日より初めて命終わるまで帰依したてまつる」（パーリ律『大品』〈*Vinaya* I, p.4〉）と誓願。ここに、仏と法への二帰依をもってする受戒が果たされ、仏教流布の第一歩が踏み出された。同時に、この出来事が出家修行の基本である乞食・托鉢行の由縁となった。続いて、これを機縁に、三度にわたる梵天勧請が行われ、布教活動が開始される。

成道二年目（三六歳）　雨期が明けて、通行が可能になったところで、ともに苦行に励んだコーンダンニャ（憍陳如）をはじめ五比丘たちを教化するためにバーラーナシー（ベナレス）に向けて出発。バーラーナシーの郊外にある仙人堕処鹿野苑で、次の雨期が明けるまでの約一年間滞在。この間、五比丘が釈尊の教化で解脱し、釈尊を含めて六人の阿羅漢が誕生。また、長者の子・ヤサ（耶舎）とその友人たち五四人が釈尊の教化によって解脱。先の六人と合わせて、都合六一人の阿羅漢が誕生する。

成道三年目（三七歳）　阿羅漢果を得た弟子たちを布教のために諸国に派遣。このとき、釈尊は「比丘等よ、遊行せよ、此れ衆生の利益、衆生の安楽、世間の哀愍、人天の義利・利益・

安楽の為なり。二人してともに行くなかれ」（同〈p.21〉）と単独行による遊行を命じた。

一方、釈尊自身は、法を説くためにウルヴェーラーに向けて出発。この地で、約六年間（成道後四～九回目の雨期）を過ごす。それは、諸国に派遣された弟子たちが布教に努め、出家を希望し、具足戒を受けたいと願う者たちを伴って釈尊のもとに帰ってくるのを待つ必要があったからである。出家を希望する者は、釈尊から直接具足戒を受けた（善来比丘具足戒）。

ところが、これでは多くの時間を要するし、弟子たちも出家を希望する者も遠路の往復に疲労が甚だしい。そこで釈尊は、弟子たちが遊行先で、自ら出家希望者に具足戒を授けることを許可する。「比丘等よ、此れ三帰依によりて出家せしめ具足戒を授くることを許可す」（同〈p.22〉）と。これを「三帰依具足戒」とする。その作法は、「はじめに鬚髪を剃り、袈裟衣を着け、上衣を偏袒になし、比丘等の足を礼し、蹲居し、合掌せしめて」後に、仏・法・僧に帰依することを三度にわたって誓う（同前）。この授戒法は、実質的には、弟子たる比丘が、釈尊に代わって善来比丘具足戒を授けることに他ならない（『僧祇律』〈大正22、p.412〉）。

その間、釈尊の教化によって、火神を司る修行者であった螺髻《らけい》梵志のウルヴェーラ・カッサパとその弟子五〇〇人、ナディー・カッサパとその弟子三〇〇人、ガヤー・カッサパとその弟子二〇〇人、合計一〇〇〇人が釈尊の弟子となる。三人のカッサパは兄弟であった。その後、もと螺髻梵志であった一〇〇〇人の大比丘衆を率いてガヤーシーサ（象頭山）に移住。この地で、一〇〇〇人の比丘たちは釈尊の法を聞き解脱したとされる。

成道一〇年目（四四歳）　新たに定められた三帰依具足戒法により、諸国に布教に出かけた弟子たちは遊行先の地に留まり、それぞれの地に仏教を定着させる。一方、釈尊自身も、弟子たちを待つ必要がなくなり、自由に遊行し、布教活動に専念することが可能となった。

そこで、ガヤーシーサを出発し、一〇〇〇人の大比丘衆（もと螺髻梵志）とともに、マガダ国の首都・ラージャガハ（王舎城）へ遊行。この年から、三年間（成道一〇、一一、一二年目の雨期）を王舎城で過ごす。その間、マガダ国王のビンビサーラ（瓶沙）をはじめ、多くのバラモンや王舎城の市民が帰信し、優婆塞となる。なかでも、ビンビサーラ王は釈尊に深く帰依し、カランダカ（栗鼠）竹林園を寄進する。「我まさに竹林園をもって仏を上首とせる比丘衆に施すべし」（*Vinaya* I, p.39）。後に、王舎城在住のある長者が、竹林園に六〇の精舎を寄進し、ここに仏教最初の僧院となる竹林精舎が建設されることになる。

また、後に仏教教団の双璧をなすサーリプッタ（舎利弗）とモッガッラーナ（目犍連）が、弟子二五〇人とともに釈尊に帰依する。このとき、釈尊は彼ら二人が甚深の智慧をもってすでに解脱しているとして、直ちに記別を与える。「（彼らは）我が声聞の一雙となり、上首の賢雙たらん」（同〈p.42〉）。かくして、もと螺髻梵志の千人、そしてサーリプッタとモッガッラーナが率いる二五〇人が加わり、釈尊の教団は一挙に一二五〇人の大比丘集団となる。

後の伝説によれば、ビンビサーラ王は八万の村の村長を釈尊の教説を聞くように命じ、彼らはこぞって釈尊のもとに赴いたという。また、マガダ国には一万人の在家信徒が誕生したとも伝えられている。かくして、仏教流布の幾重もの波がマガダ国に興り、良家子弟が相次いで出家するという事態も招き、内外に大きな波紋を呼び起こす。「沙門ゴータマがやって来て、子を奪い、夫を奪い、家系を断絶させる」（同前）。しかし、こうした非難は、釈尊の法を知り、サンガの実情を知るに及んで、「七日を過ぎて消滅せり」（同〈p.43〉）と伝えられている。

釈尊が王舎城滞在の三年間ほどの間に、驚異的な発展を遂げた新興の仏教教団である。それだけに、一般社会との軋轢は避けられなかった。さらに、諸国に派遣された弟子たちは、釈尊と同格の立場で、出家希望者を三帰依具足戒によって随時出家させたが、出家比丘としての指導教育が不徹底のために、それぞれの地域でも非難が噴出する。なかには、「釈子沙門は上衣と下衣が整わず、威儀が具足せずに、乞食に歩く。行く先々で、無作法に鉢を出したり、大声を出して騒いだりする」（『四分律』〈大正22、p.799中〉）といった非難もみられた。

こうした一般社会との軋轢を解消し、仏教を正しく伝持するには、それ相当の教団組織の整備や教育指導のシステムを確立するなどの努力を必要とする。パーリ資料が伝える「七日を過ぎて消滅」というのは誇張であろう。

王舎城に滞在中、釈尊は教団の将来構想を練ったうえで、以下のような制度改革を打ち出す。第一に、出家制度の改革である。まず、従来の「善来比丘具足戒法」、「三帰依具足戒法」を改め、新たに「十衆白四羯磨具足戒法」を制定。これは、一〇人の衆による「白四羯磨」を行い、それによって出家資格を与えるというものである。「白」とは議題、「羯磨」とは合議。議長役の比丘が議題を提示し、そこに集った一〇人の比丘が合議する。提示された議題について、三度の羯磨（合議）を行い、四度目に決を採る。これが「白四羯磨」である。このような厳格な資格審査を経て、はじめて出家希望者はサンガに加わることが出来る。そのためには、出家にはどのような条件が必要かなど、サンガに加入するうえでの基本的な規定をはじめ、サンガを運営するための全般的な諸規定も整備された。

第二に、指導教育制度の新設である。新しく出家を希望する者は、まず、師とすべき和尚（阿闍梨）をみずから決めなければならない。そして、未成年の場合は、二〇歳になるまで和尚のもとで、寝食をともにしながら訓育を受ける（沙彌出家）。そのうえで、和尚の采配によって授戒儀式が整えられ、先の「十衆白四羯磨具足戒法」によって正式な比丘となる。二〇歳を超えていれば、和尚の判断で、そのまま受戒することも可能であった。ここに「一〇衆」とあるのは、和尚のほか、議長役および出家資格を問いただす尋問役の三人、そして審判役の七人を指している（三師七証）。

正式な比丘となった後も、指導者たる和尚（阿闍梨）のもとで、ほぼ一〇年間（後に五年間とされる）、共に生活しながら教育を受ける（共住比丘）。この期間は「依止《えじ》」と呼ばれ、引き続き和尚の弟子として公私にわたって訓育を受ける。その師弟関係は代替が許されず、ほとんど実の父子のように生涯にわたって持続される。なお、阿闍梨とは養父のような存在であって、例えば和尚が死亡した場合、和尚に代わって弟子を訓育した（内住比丘）。

なお、和尚（阿闍梨）とされる比丘には、有能であって、しかも具足戒を受けてから一〇年を経たベテランの比丘が任じられた（法臘一〇年以上）。

王舎城滞在の三年間に、このように新たな出家制度や指導教育制度が施行され、併せて各種の律も必要に応じて制定され、釈尊のサンガはその基礎が固められていった。すでに、ビンビサーラ王によって寄進された竹林園には六〇の精舎が建設されている。カッサパ三兄弟や舎利弗・目連が率いる一二五〇人の比丘たち、さらには最初に教化された五比丘やヤサとその友人たち五四人を含めて、彼らはこの地で釈尊から教誡を受けながら互いに修行に励み、さらに諸国を遊行して布教に努めるなど、離合集散を繰り返しながら仏教興隆の礎を築いていったと思われる。ここに、釈尊のサンガは新たな段階を迎え、いよいよ本格的な布教活動が展開される。

成道一二年（四六歳）　釈尊の父王スッドーダナ（浄飯王）は、成道した釈尊が王舎城に滞在していることを知り、廷臣のウダーインを派遣し、故郷であるカピラヴァットゥ（迦毘羅衛城）へ戻るよう促す。父王の願いに応じ、釈尊は帰郷し、父王をはじめ多くのシャカ族を帰信させる。それが何時のことであったかは、経典資料によってまちまちだが、ここでは「二九歳で出家、三五歳で成道、それから一二年」とする『千二遊経』（大正4、p.146下）の説に従った。実際には、釈尊は一度ならず、しばしばカピラヴァットゥを訪れたと思われる。

このとき釈尊は、父王のスッドーダナを在家者のまま阿羅漢果を得さしめた後、一子ラーフラ（羅怙羅）や義弟のアーナンダ（難陀）、それにスッドーダナ王の後の王と思われるバッディヤ王をはじめ、五〇〇人のシャカ族の子弟を出家させたと伝えられている。また、在家信徒も多数誕生し、シャカ族の大半が仏教信者になったとされる。

成道一四年（四八歳）　この年、新たに建設された祇園精舎の寄進を受けるためにコーサラ国の首都・サーヴァッティー（舎衛城）に遊行し、その地で雨期を過ごす。祇園精舎の建設はコーサラ国の大長者であった須達長者（スダッタ、給孤独長者）の発願によるもので、その二、四年後にコーサラ国王のパセーナディ（波斯匿）が帰信、優婆塞となる。

須達長者は、商用で王舎城に滞在中に釈尊を知り、会いに行き帰信する。そのとき、舎衛城での雨安居を懇請し、釈尊は舎衛城に精舎を建設することを条件に承諾する。そこで、須達長者はジェータ（祇陀）太子から林園を買い取り、そこに精舎を建てる。これにはジェータ太子も門屋を寄進するなど、支援を惜しまなかったという。精舎、房、門屋、勤行堂、火堂、食厨、厠堂などが整備された。なお、須達長者は王舎城から舎衛城に至る交通路を整備し、林園や橋船を造り、その先々で仏の世に出たことを説き、精舎などの建設の布施をもって仏への帰信を促したという。

成道二三年（五七歳）　コーサンビー国（拘睒彌）のゴーシタ（善財、妙音）長者ら三人の長者が精舎を建設し、釈尊を雨安居に招待する。このとき、はじめてコーサンビー国に仏教が伝えられる。以降、少なくとも四度の訪問が行われ、その間、熱心な仏教徒であった王妃サマーヴァティー（舎彌婆提）の感化もあって、国王のウディーナ（優填）をはじめ多くの王室関係者が帰信する。

一方、釈尊の滞在中に、この地で「衆僧破れて二部となる」（『四分律』「説戒犍度」〈大正22、p.830上〉）という事件、つまり破僧事件が起こる。きっかけは、一人の比丘の些細な破戒行為であったようだが、それを破戒とするかどうかで大勢が二分する。結局収拾がつかず、ある比丘の要請で釈尊が調停を行うが、事件の当事者たちは「この争論は自分たちのものだから、何もしないでほしい」と聞き入れなかった。釈尊は、止むを得ずコーサンビーを去る。そのことを知った在家の信者たちは「釈尊を悩ませた」として、比丘たちに布施することを停止する。困惑した比丘たちは釈尊に謝罪し、釈尊の指導のもとに和合を取り戻す。この破僧事件は、釈尊が七〇歳のころ、三度目の滞在中の出来事であったと考えられている。

成道二五年（五九歳）　釈尊の養母マハーパジャーパティ・ゴータミー（摩訶波闍波提）がアーナンダ（阿難）の執り成しで出家を許され、最初の比丘尼となる。当初、釈尊は女性の出家を許さず、三度にわたる彼女の願いを退けるが、最終的に「八重法（八敬法）」の遵守を条件に許された。このとき、五〇〇人のシャカ族の女性が出家したとされる。

マハーパジャーパティの出家は夫の浄飯王の死後のことで、彼女自身七〇歳を越える高齢であったと考えられている。同時に出家した釈女たちも「老宿比丘尼」「諸老女人」（『瞿曇彌記果経』〈大正1、p.856上〉）と表記されているように相当の高齢であって、すでに夫を亡くしていたか、あるいは出家していたと思われる。

比丘尼に課せられた「八重法」によれば「比丘尼は、たとえ受戒後百年経っているような古参比丘尼であっても、本日受戒したような新参の比丘に敬礼・合掌し、敬わねばならない」（パーリ律『小品』「比丘尼犍度」〈*Vinaya* II, p.253〉）とされるなど、一貫して比丘サンガの下位に置かれ、絶対的な服従を義務づけられていた。具体的には、比丘尼特有の波羅夷法や僧残法が制定されるなど、三〇〇条あまりの波羅提木叉（サンガの法律集）の遵守が課せられた。このように厳しい制約のもとに比丘尼サンガは成立するが、それはマハーパジャーパティが出家を許されてから数年後のことであったと考えられている。

成道三八年（七二歳）　仏教史上の代表的な悪人とされるデーヴァダッタ（堤婆達多）が釈尊に反逆し、破僧事件を起こす。デーヴァダッタは、マガダ国の太子であったアジャータサットゥ（阿闍世）の庇護を受けて教団内で勢力を伸ばし、ついに高齢の釈尊に代わって自分が教団を率いることを画策する。釈尊との年齢差は二〇歳以上あったと思われる。しかし、その野望は釈尊によって打ち砕かれ、デーヴァダッタは破和合僧の大罪で地獄に堕ちたとされる。漢訳資料（『増一阿含経』〈大正 2, p.804 上〉）によれば、そのとき、悔心を起こし「南無仏」と唱えようとしたが果たせず、地獄に堕ちたという。それを見たアーナンダは悲しみ「デーヴァダッタは同じシャカ族の王族の出身であり転輪聖王の位を継ぐ者である。もともと阿羅漢果を得るはずであった。どれほどの期間、地獄に堕ちているのか」と釈尊に尋ねる。この問いに対して、釈尊は「一大劫（賢劫）を経歴すれば人身に復して、南無と号する辟支仏（独覚）を成じる」と答えている。

デーヴァダッタが起こした破僧の大義名分は「五事」であった。それは、①林住（村落に入らない）、②乞食（請食を受けない）、③糞掃衣（居士衣を受けない）、④樹下坐（屋内に近づかない）、⑤不食魚肉（魚肉を食べない）の五戒律の厳守を主張したものであった。「この沙門釈子等（デーヴァダッタのグループ）は頭陀を行じ漸損にして住し、沙門瞿曇（釈尊）は奢侈にして奢侈を念とす」（パーリ律『小品』「破僧犍度」〈*Vinaya* II, p.197〉）。当時、一般社会より遥かに豊かで、貴族的な生活に慣れ親しんでいた釈尊のサンガに対して、伝統的な苦行生活の復活を主張したのである。これにはジャイナ教の影響も見られるが、それ以上に、律の諸規定が設けられる以前の、最初期の出家修行者の形態に戻ろうとする主張が盛り込まれているという。

このような苦行主義を固持するデーヴァダッタの教団は、その後も存続したようで、紀元後四世紀に舎衛城を訪れた東晋僧の法顕は「調達（デーヴァダッタ）の衆があって、過去三仏を供養している。ただ、釈迦文仏だけは供養せず」と伝えている（『高僧法顕伝』〈大正51、p.861上〉）。また、七世紀には唐僧の玄奘が同地を訪れ、「外道」としながらも、デーヴァダッタの遺訓を遵守する教団が存続していたことを伝えている（『大唐西域記』〈大正51、p.928上〉）。

一方、この破僧事件後のアジャータサットゥを扱った『沙門果経』によれば、彼は後に回心して釈尊を篤く敬い、釈尊の教団を支援した。実際、滅後の第一回結集は王舎城で行われている。

成道四三年（七七歳）　コーサラ国の太子であったヴィドゥーダバ（毘琉璃）が王位を襲い、その直後に釈尊の出身種族であるシャカ族への武力侵略を起こす。このとき、釈尊はみずからの姿を示して三度までコーサラ軍を阻止するが、四度目に至ってシャカ族の前世の罪業を観察して黙過する。その結果、シャカ族はヴィドゥーダバによって乳児をはじめ一族全員が虐殺されたという（『ジャータカ』465「跋陀娑羅樹神本生物語」〈J. IV, p.152〉）。

成道四六年（八〇歳）　この年、クシーナガルの地で釈尊は入滅する。パーリ資料によれば、成道の日と同じく、入滅の日もヴァイシャーカ月の満月の日とされる。入滅に至る最晩年の釈尊の事跡は、『長部』16「大般涅槃経」（*DN*. II, p.72f）に年次を追って詳しく説かれている。これに相当する漢訳資料には失訳『般泥洹経』、白法祖訳『仏般泥洹経』、『遊行経』、法顕訳『大般涅槃経』、『根本説一切有部』「雑事」などがある。

釈尊は王舎城の鷲の山（霊鷲山）を出発し、クシーナガルに向かった。途中、ベールヴァ村で雨期の定住（雨安居）に入るが、このとき八〇歳の誕生日を迎える。釈尊は重病を患い、入滅の決意をし、次のように遺訓する。「自らを島とし、自らをたよりとして、他人をたよりとせず、法を島とし、法をよりどころとして、他のものをよりどころとせずにあれ」（中村元訳『ブッダ最後の旅』岩波文庫〈p.65〉）。

雨期の定住を終えると、弟子たちを集め、三か月後に入滅することを宣言したうえで、クシーナガルに向けて出発する。クシーナガルはマッラ族が統治していた地域で、釈尊は、その地の郊外で臨終を迎える。最後の言葉は「もろもろの事象は過ぎ去るものである。怠ることなく修行を完成なさい」（同〈p.168〉）というものであった。

〈大乗涅槃経〉における「持戒」

シャカ族滅亡の伝承からは、幾つかの重要なメッセージを読み取ることが出来る。なかでも、彼らが有能な戦士でありながら、非暴力に徹した戦いを戦ったということ、しかも、それが種族の総意として自らの意志で選び取った生き方であったという伝承は、今日の我々にも衝撃的な課題を与える。本来、非暴力・非戦を説き、〝平和の宗教〟を標榜する仏教者が戦争に巻き込まれた場合、どのような対応が可能なのか――仏典が伝えるメッセージとは、紛れもなくその選択のありようであった。

紀元前四、五世紀の古代インドに源泉をもつ仏教である。その初期の時代から非暴力・非戦は、仏教の基本的な立場であった。出家者たる比丘・比丘尼には具足戒、沙弥・沙弥尼には十戒の遵守が課せられていた。また、在家信仰者たる優婆塞・優婆夷には五戒という生活上の倫理規範が示されていた。それらを通じて、不殺生が第一の戒に挙げられている。さらに言えば、出家・在家を問わず守るべき実践規範とされた十善道は、紀元前後に興隆したとされる大乗仏教運動にも受け継がれるが、ここでも不殺生は遵守すべき第一の戒として位置づけられている。[1]このように不殺生戒の遵守は、インド仏教を象徴する最も基本的な倫理規範であったが、歴史のそれぞれの場面で、時代や状況の変化に応じて再解釈され、四、五世紀以降の大乗仏教に至って殺生を積極的に容認する教説が多く見られるようになる。[2]

なかでも、四世紀頃に成立したとされる『大般涅槃経』（大乗涅槃経）[3]では、釈尊が往昔、仙予国という大国の王であったときに、大乗を誹謗する婆羅門の命根を断じたが、その因縁によって地獄に堕ちることはなかったとする前世譚が説かれる（「聖行品」第7〈大正12、p.434下〉）。また、釈尊が前世において国王であったときに菩薩の道を行じ、多くの婆羅門の命を奪ったとも説かれている（「梵行品」第8〈大正12、p.459上〉）。そして、これらの前世譚をもとに、正法（大乗）を護持する者は「五戒を受けず、威儀を修せず、応に刀剣・弓箭《きゅうせん》・鉾槊《むさく》を持すべし」（「金剛身品」第2〈大正12、p.383中〉）、あるいは「応当に刀剣器杖《きじょう》を執持すべし、刀杖を持すといえども、我はこれを説いて名づけて持戒と曰わん」（同〈大正12、p.384上〉）と説き進められる。つまり、大乗を護持するものが武装し、正法を誹謗する婆羅門を殺害したとしても、それは「殺の三種」[4]には入らず、かえって戒律を保つ真の仏教者として己の使命を果たしたことになるというのである。

さらに、その典型的な事例として、有徳王と覚徳比丘の説話が挙げられている。――歓喜増益如来という仏の滅後、仏法がまさに滅せんとしたとき、正法を護持する覚徳比丘という一人の説法者（大乗の菩薩）を多くの破戒の比丘たちが武力をもって攻めたてた。それを知った国王の有徳は覚徳比丘を護るために、武装した破戒の悪比丘たちと激しい戦闘を繰り広げる。その結果、覚徳比丘は厄害を免れたが、有徳王は「身に刀剣鉾槊の瘡《きず》を被り、体に完き処は芥子《けし》のごときばかりも無し」という致死的な傷害を被った。その死身護法の戦いにこそ「正法を護る者」の真価があり、「当来の世に無量の法器となるべし」と覚徳比丘は賛嘆し、有徳王は大歓喜のうちに命終する（同〈大正12、p.384上-中〉）。

こうした有徳王と覚徳比丘の説話を伏線にして、「持戒の人、諸の白衣（在家信仰者）の刀杖を持する者によって、もって伴侶と為すことを許す」（同前）と説き、戒律を保つ出家比丘は武装した在家信仰者の外護を用いることは許されるとした。

ただし、『涅槃経』が次のような厳しい条件を付していることを見逃してはならない。「雖持刀杖不応断命。若能如是即得名為第一持戒（刀杖を持すといえども、応に命を断ずべからず。もしよくかくの如きをなせば、即ち第一の持戒と名づけん）」（同前）。

在家の信仰者が武器をもって持戒の比丘を外護することは許す。しかし、その武力を行使して敵対者の命を奪ってはならないというのである。いわゆる非暴力抵抗に徹するのであって、そうした戦い方を指して「第一の持戒」としている。この『涅槃経』の教説は、シャカ族の戦い方にも通底していて、世俗社会における不殺生戒の実践規範として重要な論点と思われるのだが、『涅槃経』を含め大乗仏教全体としては、殺生の積極的な是認、あるいは勧奨を説いているような印象が強く、この一条も単に補足的に述べられたものとして軽視され、あるいは無視されてきた嫌いがある。実際、その後の仏教界が、暴力を容認し、場合によっては戦争に加担しながら、それぞれの教勢を保ってきたことは否めない事実である(5)。

実践規範としての不殺生戒

我々はここで、有徳王・覚徳比丘の説話によって示された「持戒」の実践性を検証しておく必要がある。整理して言えば、次のようになる。

① 在家の信仰者が、持戒の比丘を守るために武器を取る。つまり防衛のための武装は是認される。不殺生戒が非戦・非暴力を意味していると言っても、例えばキリスト教のメノー派のような無抵抗に徹した絶対的な平和主義を標榜しているのではない。

② しかし、武力の行使によって敵対者を殺傷することは禁じている。つまり、是認される

武装はあくまでも防衛のためであって、攻撃能力は認められていない。

これが『涅槃経』が説くところの「持戒」の骨格であるとして、それを現実の実践問題に置き換えてみれば、武力攻撃に備えて防衛力を整備することを認めている以上、いきなり武力衝突が起こることを想定しているのではないだろう。武装することによって、相手の攻撃力を抑止する。そのうえで、相手の生命を損傷するような武器使用は禁じることを自らに確認し、多少の死者が出ても厭わないといった暴力性を徹底して排除する。つまり、武力衝突を起こさないことにこそ最大限の努力と智慧を注ぐ。これを第一段階として、それでもなお相手が武力攻撃を仕掛けてきた場合に至っても〝専守防衛〟に徹する。これが第二段階である。この場合、自衛のための最小限の武力行使まで放棄しているかどうかは不明だが、いずれにしても、これではシャカ族滅亡の伝承が描いているように、結局は自滅を招くことになる。武力抗争に負けること、つまり自らの命を捨てることによって正法護持という目的を達成するということになる。

もとより、第二段階のケースは例外中の例外であって、シャカ族滅亡の伝承にあっても、釈尊自身がコーサラ国の侵攻を三度まで阻止したというエピソードをもって、それは象徴的に描かれている。したがって、『涅槃経』が武装を是認しているからと言って、最初から第二段階を想定して、自滅を回避するには相手を武力制圧するだけの攻撃力を予め整備しておかなければならないとする論理を、そこから導き出すことは許されない。あくまでも相手の攻撃を抑止するための〝専守防衛〟を堅持し、同時に武力衝突以外の方法を用いて対立的状況を克服するのである。

日蓮の仏法理解と行動

日蓮は『立正安国論』において、先に挙げた一連の『涅槃経』の記事を事細かく引用したうえで、次のように述べている。

「夫れ釈迦の以前の仏教は、その罪を斬るといえども、能忍（仁）の以降の教説は即ちその施を止む(6)」。

日蓮が言っている「釈迦の以前」とは、釈尊が仏になるために菩薩道を修していた前世を指し、仙予国王や有徳王の説話などによってそれは示されている。一方「能忍の以降」とは、仏を成じた現世の釈尊（能忍＝仏）を指している。釈尊以降の教説にあっては、武装した破戒の悪僧との戦いとは言え、武力行使によって制圧するのではなく、布施を止めることによる正法護持の道が示されているというのである。布施を止めるとは、直接的には経済的な制裁を加えることを言うのであろうが、布施が物心両面にわたることを勘案すれば、経済力とともに、正法の価値観や文化によって敵対者を味方に変える説法力、それに必要な言語力や技術力・情報力などを含めた総合力と解してよいであろう。

後に、日蓮は『安国論御勘由来』を著し、延暦二一（八〇二）年に高雄山寺で行われた最澄と南都六宗の碩学一四人との公開法論について触れている。このとき、主催者の桓武天皇は最澄が全面的に勝利したのを見届け、以降、最澄への帰依を深め、彼が開いた比叡山天台宗に手厚い保護を加えたという。日蓮が『涅槃経』の教説を「施を止む」と読み替えた背景には、この公場対決の顛末があったと思われる。正法護持とは、その国を統治する国主（施主）の前で法論を行い、その勝敗を見極めた国主が勝者に帰依し、敗者の布施を止める、このような手続きを経て決着が付けられるべきものであって、決して武力によるべきではないという信念が、日蓮には強く働いていたのであろう。

ここで、もう少し、『涅槃経』の教説に関連させて、日蓮の仏法理解と行動を追っておこう。日蓮はこうも述べている。「法華経守護のための刀箭兵杖は、仏法の定める法なり[7]」。確かに、いつのころからか、日蓮の周辺には武装した武士信徒やその郎党たちが、身辺警護のために常時つき従っていた。周知の通り、日蓮は正法（法華経）護持の立場から法然の浄土教をはじめ諸宗を厳しく批判した。その方法は、桓武天皇の事績に倣って、一国の統治者である鎌倉幕府（施主）の前で法の勝劣を決し、敗者への「施を止む」ことを求めるというものであった。しかし、武力行使を許容し、暴力に慣れ切った当時の仏教界である。『立正安国論』を上奏した直後に起こった松葉ケ谷の草庵の焼打事件や小松原の法難などに見られるように、日蓮は武装した念仏者たちの襲撃に遭い、日常的に生命の危機にさらされていた[8]。身辺に警護者を置くのは自衛のための当然の対応であったと思われるが、それを論難した日蓮批判の訴状が鎌倉幕府に提出される。曰く「凶徒を室中に集め」「兵杖を蓄え」云々[9]。先の日蓮の発言は、そうした批判に答えたものだが、それが問題視され、竜の口の法難とそれに続く佐渡流罪の原因ともなった[10]。

訴え出たのは行敏という念仏僧であったが、背後には幕府の内部に深く入り込んでいた極楽寺良寛（忍性）、念阿良忠、道阿道教等の画策もあったらしい。身辺に警護を置きつつ、日蓮が挑んだのは法論であったが、幕府は念仏者の訴えを受け、治安維持に関する検断沙汰（刑事事件）の被告人として断罪した。日蓮は朝敵のように鎌倉市中を引き回され、竜の口の刑場において首の座に据えられる。しかし、斬首刑は直前に中断され、佐渡流罪となる。

ここに至って、日蓮は自らの命を捨てて正法を護持するという、『涅槃経』が説く「第一の持戒」の社会的実践における第二段階を経験することになった。佐渡流罪中に鎌倉の門下に送った書状の中で、日蓮はこう述べている。「悪王の正法を破るに、邪法の僧等が方人をなして智者を失わん時には、師子王のごとくなる心をもてる者、必ず仏になるべし。例せば日蓮がごとし」[11]。竜の口の首の座から佐渡流罪に至る一連の受難経験は、日蓮の生涯における最大の危機であったが、その死罪にも及ぶ危機を「師子王の心」をもって受容する。その心の強さが、大乗思想における成仏の要諦であると、日蓮は言っている。

第二段階に至った際の、人間としての覚悟の在り方を、日蓮は教えているのであろう。そして、その覚悟の行動こそが仏になるための仏道修行なのであって、日蓮は自身の生死をかけてそれを実証すると、確信をもって言い切っている。

ところで一方、死罪にも及ぶ受難を経験しながら、日蓮が護ろうとした「正法」とは一体どのような内実をもった教えであったのか。日蓮はこう述べている。

「一代の肝心は法華経、法華経の修行の肝心は不軽品にて候なり。不軽菩薩の人を敬いしは、いかなることぞ。教主釈尊の出世の本懐は人の振る舞いにて候いけるぞ」[12]。

この日蓮の発言には少々説明を要する。『法華経』の「常不軽菩薩品第二〇」には、釈尊の前生譚として、「不専読誦経典。但行礼拝。」という修行を行じたことによって仏となった不軽菩薩の説話が説かれている。経典を専ら読誦することをもって仏道修行としたのではなく、市中を巡りめぐって会う人ごとに「我深く汝等を敬う。敢えて軽しめ侮らず。所以は如何。汝等は皆菩薩の道を行じて、当に仏となることを得べければなり」と礼拝し、賛嘆することをもって仏道修行としたというのである（大正9、pp.50下-51上）。

宗教的権威を振りかざす増上慢の比丘が大勢力を形成していた時代であった。出家者（比丘・比丘尼）も在家者（優婆塞・優婆夷）もエリート意識が強く、不軽菩薩の言葉はかえって自分たちを侮蔑していると反発し、悪口・罵り、杖木・瓦石をもって迫害を加える。そうした迫害を受けながらも、不軽菩薩は不退の心をもって行動し、人々に語りかける。この不軽菩薩の振る舞いこそが「教主釈尊の出世の本懐」であったと日蓮は主唱している。

「但行礼拝」――すべての人々を分け隔てなく「仏」の如く敬い、礼拝する。初期仏教から大乗仏教に至る膨大かつ多様な経典群によって展開されてきた釈尊の教説だが、その「肝心」はこのような普遍的な生命尊重の思想を世俗社会の真っ只中で実践することにあったというのである。しかも、世俗の国家権力と深く結びつき、体制化した仏教界にあって、この生命思想のもつ普遍性は厳しい試練にさらされる。不軽菩薩を先覚者として、日蓮は対話を深め、共通の論議の土壌を耕しながら、生命尊重の思想を鍛え上げていった。『涅槃経』の教説に戻って言えば、武装を是認しつつも「命を断ずべからず」という非暴力抵抗の戦い方は、そのような鍛えの心（日蓮はそれを「師子王の心」と言っている）のうえに実践性を獲得していくのであろう。

【註】

（1）平川彰著作集第7巻『浄土思想と大乗経』第二篇「大乗戒の研究」（春秋社、1990年）参照。

（2）藤田光寛「〈菩薩地戒品〉に説かれる『殺生』について」（『密教文化』191号、1995年）参照。

（3）『涅槃経』には、パーリ語で書かれた〈原始涅槃経〉とサンスクリット語で書かれた〈大乗涅槃経〉の二種類ある。いずれも『大般涅槃経』と表記される。両経は成立の経緯も内容も全く異なる。ここで対象としているのは〈大乗涅槃経〉である。

（4）『涅槃経』「梵行品」には、「殺」に上・中・下の三種類あるとして、次のように説かれている。
下殺は蟻などの畜生を殺すことで、この因縁によって地獄・畜生・餓鬼に堕ちて下の苦をける。

中殺は凡夫・阿那含を殺すことで、この因縁によって地獄・畜生・餓鬼に堕ちて中の苦をける。

上殺は父母・阿羅漢・辟支仏・成仏の定まった菩薩を殺すことで、この因縁によって阿鼻大地獄に堕ちる。このように「殺」には三種類あるが、一闡堤の婆羅門を殺してもこれらの「殺」の業因にはならないとする（大正12、p.460中）。

（5）日本仏教史にあっても、平安時代の後期から中世以降、僧侶たちの中に武器をとって合戦を引き起こし、人々に恐怖を与える悪僧が現れ、彼らが世俗の権力と離合集散を繰り返しながら寺院勢力を拡大してきた歴史がある（日置英剛編著『僧兵の歴史』（戎光祥出版、2003年）、衣川仁『僧兵＝祈りと暴力』（講談社選書メチエ、2010年）などを参照。

（6）立正大学日蓮教学研究所篇『昭和定本日蓮聖人遺文』（p.224）。

（7）「行敏訴状御会通」（註6、p.500）。

（8）文応元年（1260年）七月、鎌倉幕府に提出した『立正安国論』において日蓮は、当時の天変地異や飢饉・疫病の原因が念仏などの悪法にあるとして、厳しい批判を展開した。その一か月後、武装した念仏者たち数千人が鎌倉の松葉が谷の草庵を突然襲撃し、日蓮を殺害しようとした。また、文永元年（1264年）十一月、東条の郷松原大路（千葉県鴨川市）において、日蓮は地頭の東条景信をはじめとする数百人の念仏者たちの襲撃を受けた。このとき、弟子の一人が殉死、二人が重傷を負った（うち一人は後に殉死）。日蓮自身、頭に傷を受け、左手を骨折している。

（9）註6、p.499。
（10）佐藤弘夫『日蓮』（ミネルヴァ書房、2003年）pp.171-190、参照。
（11）「佐渡御書」（註6、p.612）。
（12）「崇峻天皇御書」（創価学会篇『日蓮大聖人御書全集・新版』、p.1597）。

多田武志（ただ・たけし）
1941年、神戸市生まれ。新聞・書籍編集、研究所法人事務職を経て、2001年、退職。その間、広く宗教と文学に関する評論活動を続ける。近年は初期の経典資料による「仏伝研究」に取り組む。2017年、仏教大学大学院文学研究科（仏教学専攻）修士課程修了。主な論文に「人間は何を成し得るか」「現代作家を読む」「開高健論」「瀧井孝作覚書」「鴨長明　隠遁と仏教」など。著作に『アフリカの宗教と心』『山本周五郎を読み直す』がある。

初期経典にみる釈尊の戦争観
——シャカ族滅亡の伝承を読む

2023年4月10日　初版第1刷印刷
2023年4月20日　初版第1刷発行

著　者　多田武志
発行者　森下紀夫
発行所　論 創 社
東京都千代田区神田神保町 2-23　北井ビル
tel. 03（3264）5254　fax. 03（3264）5232　web. https://www.ronso.co.jp/
振替口座　00160-1-155266
装幀／宗利淳一
印刷・製本／中央精版印刷（株）　組版／フレックスアート
ISBN978-4-8460-2260-0　